... mehr vom Pferd

1962 in Luhmühlen

Dem ländlichen Reiter Fritz Engelke gewidmet

Beiträge zur Langenhagener Lokalgeschichte

Nr.

... mehr vom Pferd

Vom Arbeitstier zum Sport- und Freizeitpferd

Impressum

Bibliografische Information der Deutschen Nationalbibliothek:
Die Deutsche Nationalbibliothek verzeichnet diese Publikation
in der Deutschen Nationalbibliografie; detaillierte bibliografische Daten sind im Internet über www.dnb.de abrufbar.

© Hans-Jürgen Jagau 2017
Herstellung und Verlag:
BoD – Books on Demand, Norderstedt
ISBN 9783744815284

Vorwort

Langenhagen darf sich inzwischen wieder mit einigem Recht als "Pferdestadt" bezeichnen. Im Verlauf der Geschichte waren dieser Ort und das gleichnamige Amt im Fürstentum Calenberg wegen des Pferdehandels und unternehmender Pferdehändler wohlbekannt. Darüber berichtet der erste Band "... etwas vom Pferd!". Im hier vorliegenden Folgeband "... mehr vom Pferd!" kann die Geschichte des Pferdes vom bäuerlichen Arbeitstier und Militärpferd zum heutigen Sport- und Freizeitpferd mit speziellem Blick auf Langenhagen nachgelesen werden.

Benutzte Quellen sind in den Endnoten zu finden. Fußnoten enthalten Erklärungen, die zusätzliche Informationen zum besseren Verständnis des Textes geben.

Viel Freude beim Lesen und Entdecken!

Hans-Jürgen Jagau

Wozu braucht(e) man Pferde?

Wildpferde zählten in der Altsteinzeit zu den Beutetieren der streifenden Jäger. Beginn und Ort der Domestikation sind unsicher. Gewiss ist, dass Pferde den Menschen einige tausend Jahre als Lasttier dienten und auch vor einen Wagen bzw. Schlitten oder Schleife gespannt wurden. An einen Reiter mussten sich Pferd wie Esel erst deutlich später gewöhnen. Wie man griechischen Bildwerken entnehmen kann, wurde noch ohne Steigbügel geritten. Diese hilfreiche Erfindung kam zu den Römern erst in der Kaiserzeit. Alsbald ritten auch die Germanen nur noch mit Steigbügel. Im Mittelalter konnte man erst recht nicht darauf verzichten.

Nachdem der Zweck als Nahrung mehr oder weniger deutlich in den Hintergrund getreten war, dienten Pferde dem Menschen vor allem zum schnellen Transport. Dieser Nutzen wurde besonders bei kriegerischen Auseinandersetzungen bedeutend. Für den Ackerbau bevorzugten Bauern lange Zeit den kräftigeren Ochsen, der Wagen oder Pflug zwar langsam, aber sehr wirkungsvoll, voran brachte. Außerdem waren Pferde schon immer wesentlich kostspieliger zu halten. Kein

Wunder, dass sie auch als Statussymbol für Ritter und Fürsten dienten. Außer im Krieg oder ritterlichen Heerzug dienten Pferde bei der Jagd. Sie zeigten ihren Wert, wenn man in unwegsamem Gelände der Hundemeute folgte oder den Falken zur Beize trug. Zu Fuß gehen war nicht schnell und auch nicht ansehnlich genug. Als ritterliche, militärische Übung waren Turniere zu Pferde ein weiterer Anlass sich mit Streitrossen zu befassen.

Wien - spanische Hofreitschule

Die heutige Nutzung als Sport- oder Freizeitpferd ist aus den eben genannten Punkten abgeleitet. Ohne diesen Zweck wären Pferde bei uns wohl weitgehend verschwunden, denn als Arbeitspferd werden sie kaum noch gebraucht. Ihre frühere Bedeutung im Militär ist vollkommen entfallen. Im Rahmen des Polizeidienstes werden nur noch wenige Pferde eindrucksvoll eingesetzt. Aus der früheren Parforcejagd sind Schleppjagden hervorgegangen, die an Abläufe der englischen

Fuchsjagd erinnern. Neu dagegen ist die Rolle von Pferden im Rahmen verschiedener Therapieansätze. So gibt es denn auch in Langenhagen ein Angebot „therapeutisches Reiten" Seit längerer Zeit sind Pferde in verschiedenartigen Schaustellungen im Einsatz. Diese reichen von der „Spanischen Hofreitschule" über Hengstparaden bis zu Circusdarbietungen und „Apassionata".

Vom Handel abgesehen waren Pferde in Langenhagen - wie überall - als Arbeitstier auf den Höfen lebenswichtig. Pferde konnten Arbeiten - insbesondere Transportarbeiten - wesentlich schneller erledigen, als die zwar kräftigen, aber langsamen Zugochsen. Sie brachten ihre Kraft – in etwa 1 PS – beim Pflügen, Eggen und beim Ziehen der Ackerwagen ein. Als später landwirtschaftliche Maschinen erfunden wurden, trieben sie auch diese als „Hafermotor" an. Unter anderem deshalb wurden im 19. Jahrhundert immer mehr Pferde gehalten, weil sie entsprechend gebraucht wurden. Die Erträge aus der Landwirtschaft bildeten über Jahrhunderte Lebensgrundlage und Haupteinkommensquelle der Einwohner. Deshalb hatten Pferde eine wichtige Rolle auch in der Langenhagener Geschichte. Im 19. Jahrhundert kam die starke Entwicklung des Transportwesens hinzu. Eisenbahnlinien bildeten quasi das Rückgrat für Ferntransporte. Von und zu den Bahnhöfen mussten Güter oder Passagiere zunächst mit Pferd und Wagen gebracht werden. Diese Abhängigkeit von Pferden endete erst mit der Entwicklung motorisierter Kraftwagen, die als PKW oder LKW Pferde ersetzten. Gleisgebundene Pferdebahnen oder Pferdeomnibusse gaben nur ein kurzes Zwischenspiel in dieser Epoche.

Eine „Viktoria-Chaise" aus der Zeit von Königin Viktoria von England. Hier auf dem Hof der englischen Miss Jervis in Langenhagen. Zeit um 1880. Im Hintergrund Federvieh und Pferdestall.

Etwas über die Pferdhaltung in alter Zeit

Weil Pferde schon immer kostspielig waren, konnten sich nur wohlhabende Personen Pferde „leisten". Bei den Bauern unterschied man seit alters her Vollspänner mit zwei und mehr Pferden, von Halbspännern, die nur eins oder zwei hatten. Die Zahl der Pferde ist hier einerseits Ausdruck der Leistungsfähigkeit des Hofes und gibt andererseits Auskunft über die Dienstverpflichtung des Bauern beim Eigentümer des Hofes. In Langenhagen war das im Regelfall der Landesfürst. Die unteren, weniger vermögenden Bauernklassen mussten sich entweder mit Ochsen behelfen oder Pferde vom Nachbarn ausleihen, wenn sie ihre Felder bestellen wollten. Bei Viehzählungen in verschiedenen Jahrhunderten standen in Langenhagen in der Regel nur zwei Pferde auf den größeren Höfen. Leider sind die Daten sehr lückenhaft. Man kann allenfalls Zahlen aus vergleichbaren Gegenden heranziehen, um den Pferdebestand in Langenhagen abzuschätzen. Die

Fruchtbarkeit der Stuten war deutlich geringer als die der Kühe. Wenn alle zwei Jahre ein Fohlen kam, durfte der Bauer zufrieden sein. Wenn Pferdebestände durch Krankheiten oder Krieg vermindert waren, dauerte es demnach lange, bis der alte Stand wieder erreicht wurde. Dies zeigen Daten aus den Ämtern Fallersleben und Gifhorn.

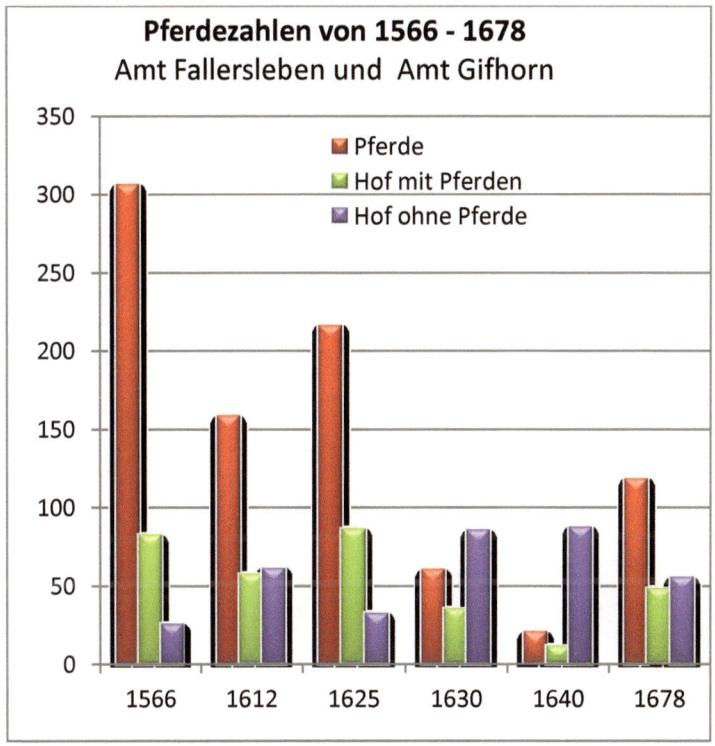

Die Zahlen zeigen deutlich, dass in der Zeit des Dreißigjährigen Krieges viele Pferde verloren gingen, so dass im Jahr 1640 nur noch wenige Höfe überhaupt ein oder zwei Pferde besaßen. In Langenhagen dürfte die Situation ähnlich gewesen sein. Viele Dokumente aus diesem Krieg belegen, dass Pferde geraubt oder gepfändet wurden. Im Amt Burgwedel besaßen die Viehhalter 1589 im Durchschnitt 2,3 Pferde, 1770 dagegen nur 1,9. Dieser Abfall dürfte eine Spätfolge des Siebenjährigen Krieges gewesen sein, der auch in Langenhagen entsprechend gewirkt hatte. Das folgende Schaubild zeigt den Rückgang auf einzelnen Höfen der Kircher Bauerschaft zwischen 1756 (vor dem Krieg) und 1760 (im Krieg):

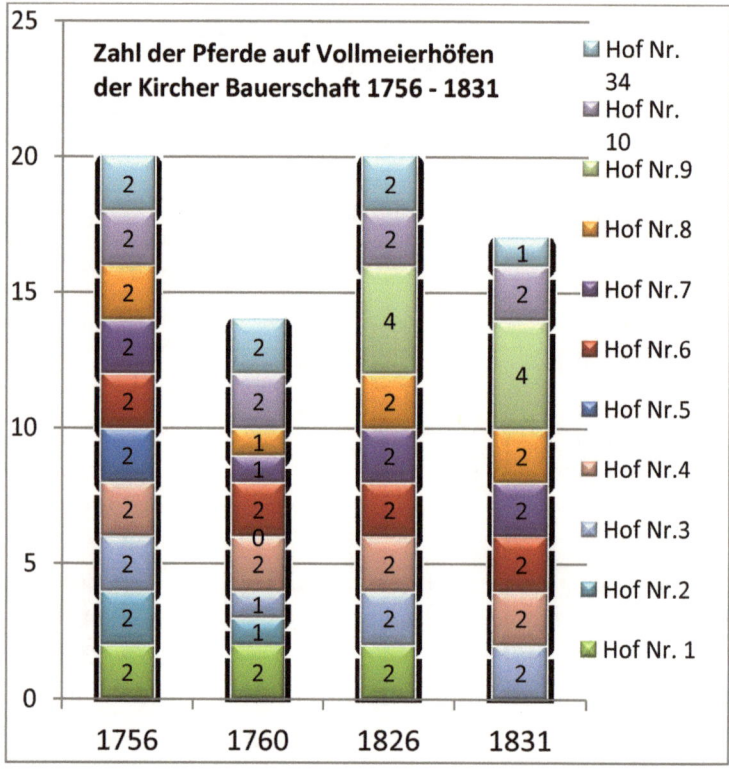

Die Erhebung aus dem Jahr 1831 erweist, dass auf den Vollmeierhöfen Nr. 1, 2 und 5 damals gar keine Pferde vorhanden waren, während auf dem größten Hof Nr. 9 vier Pferde angespannt werden konnten. Dieser Hof gehörte um 1800 Gotthard Eicke, der nicht nur vermögender Zollpächter, sondern auch ein sehr großer Pferdehändler war (s. Band I).

Die Statistik des Jahres 1831 enthält außerdem die Zahlen der Pferde und Zugochsen in verschiedenen Dörfern des heutigen Langenhagens. Im folgenden Schaubild sind deutliche Unterschiede zwischen den Ortsteilen Krähenwinkel und Kircher Bauerschaft und Langenforth sowie den Einzeldörfern Brink und Kaltenweide abzulesen.

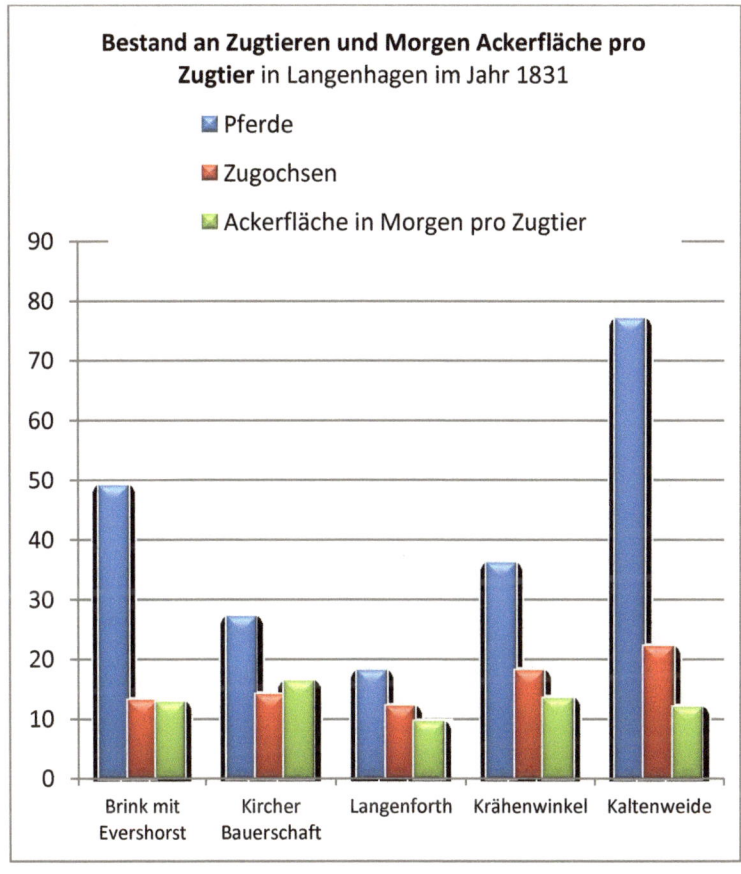

In Brink, Krähenwinkel und besonders Kaltenweide waren mehr Pferde verfügbar als in der Kircher Bauerschaft oder Langenforth. In Kaltenweide hatten sogar Kleinkötner zwei Zugpferde im Stall. Dieser scheinbare Luxus ist leicht zu erklären. Aus Kaltenweide wurde nämlich Torf nach Hannover transportiert, insbesondere aus dem „herrschaftlichen Moor" zum Schloss in Herrenhausen. Torfverkauf und zusätzliche Fuhren für die Herrschaft brachten Geld ein, das wiederum die Haltung von Pferden bezahlt machte. Die zehn bis sechzehn Morgen Ackerfläche pro Zugtier zeigen, dass mehr Pferde auch nicht nötig waren. Nach Berechnungen aus der Zeit um 1830 brauchte man für 30 Morgen Acker entweder ein Pferd oder zwei Zugochsen. Zur Erklärung: Zugochsen waren wesentlich langsamer als ein Pferd, deshalb konnte ein Pferdegespann dieselbe Fläche bearbeiten wie zwei Ochsengespanne.

Dieser Holzschnitt von Jost Amman zeigt Bauern im 16. Jahrhundert bei der Feldarbeit. Starke Ochsen ziehen den schweren Räderpflug. Der Egge dahinter sind zwei Pferden vorgespannt, die von einem quer sitzenden Reiter geleitet werden. Der Herr im Hintergrund sitzt im Reitsitz. Ammann zeigt: hier der „dumme" Bauer, dort der adelige Herr.

Arbeitspferde

Im bäuerlichen Langenhagen, dessen Dauer man von der ersten Ansiedlung getrost bis zum Zweiten Weltkrieg ansetzen kann, dienten Pferde überwiegend als angespannte Arbeitspferde. Noch kurz nach dem Zweiten Weltkrieg waren Traktoren keineswegs auf jedem Feld im Einsatz. Das letzte Arbeitspferd auf unserem Hof – ein Hannoveraner Halbblut namens „Tante" – wurde 1968 zum Voltigierpferd „umgeschult". Da diente die brave Stute allerdings schon einige Jahre überwiegend als Freizeitpferd vor der Kutsche oder unter dem Sattel.

Heuernte um 1900: zwei Pferde ziehen den Wagen, vier Männer laden auf, zwei Frauen harken das Heu, zwei Damen posieren.

Wie oben angeführt, bevorzugten Bauern Ochsen für schwere Feldarbeit bis zur frühen Neuzeit. In Langenhagen richtete man sich auch nach dem Dreißigjährigen Krieg meist mit beiden Zugtieren ein. Erst im 19. Jahrhundert verschwanden Zugochsen von den Höfen. Arbeitspferde waren im Lauf der Jahrhunderte immer größer und stärker geworden, weil man sie entsprechend züchtete. Der Vorteil der Ochsen schwand.

Pferde im „Spanndienst"

Die in Langenhagen ansässigen Bauern wurden – wie oben angesprochen - einst als Vollmeier, Halbmeier, Groß- und Kleinkötner sowie Brinksitzer sozial und nach Größe ihrer Höfe unterschieden. Der Besitz an Pferden war dabei wesentlich. Die Vollmeier bzw. Vollspänner waren seit dem frühen Mittelalter verpflichtet, ihrem Grundherrn mit einem „vollen" Gespann Frondienste zu leisten. Diese in der Regel nicht zeitlich eingeschränkten Dienste konnten aus den verschiedensten Anlässen angefordert werden. In den überlieferten Langenhagener Erbregistern aus den Jahren 1612, 1634 und 1660 waren sie z. T. im Einzelnen verzeichnet. Amtsschreiber Wyneken kam um 1750 in dieser Sache zu folgendem Urteil:

„Was die Dienste anlanget, so sind solche in Vergleichung anderer benachbarter Ämter sehr erträglich, indem zum Exempel ein Vollmeyer überhaubt järlich nur 6 ordinaire Spanndienst- und 3 Handdiensttage, an extraordinairen Diensten aber etwann 12 Tage behuf Anfahrung des herrschaftlichen Torfes und noch letztere gegen Erlegung 10 gr und 12 gr Fahrlohn zu verrichten, auch einige Burgveste, Wegebeßerungen und Kriegerfuhren zu übernehmen hat."

Die betroffenen Bauern wussten sicher, dass sie in Langenhagen besser gestellt waren, als Bauern unter anderen Rechtsverhältnissen in der weiteren Umgebung. Dennoch war ihnen diese angeblich „erträgliche" zusätzliche Belastung ihrer Pferde gewiss ein Dorn im Auge. Nur bei den *„extraordinairen Diensten"* für Geld mochte der eine oder andere den Fuhrlohn als angenehmes Zubrot aufgefasst haben.

Die o. a. Einteilung der Höfe nach ihrer Größe fand auch in der Besteuerung der Bauern ihren Niederschlag. So in einem Rezess des Herzogs Friedrich Ulrich aus dem Jahr 1618:

Von Gottes Gnaden, Wir Friedrich Ulrich, Hertzog zu Braunschweig und Lüneburg Thun hiermit zu Kund und zu Wißen .... ein modum collectandi (1614) Bestätigung, daß vom itzigen Michaelis 1618.

... von den Interessen der Voll-Meyer item ein Leibzucht=Hauß in das ein Reichsthaler in specie, von Schaaf-Meistern, Müllern, Krügern, Kramern, Haus-Tändlern, Schmieden und anderen Handtwerkern und die sonsten negationes und Handlungen bey ihren Häusern haben, ein Reichsthaler in specie, von jeglichem Halbspänner oder Halbmeyer auch Groß-köthner so eigen Spannwerk haben drey viertel Reichsthaler in specie, von kleinen Köthnern ohn Spannwerk und bringsitzern so eigen Hauß und Scheuren haben einen halben Reichsthaler in specie, von Häußlingen, so anderen beym Feuer sitzen ein viertel Reichsthaler in specie.

Danach ist dann, das was jeglicher an Vieh hat von jeglichem Haubt Rind=Viehe so jährig und darüber drei Mgr, von jeglichem Schweine ein halb Jahr alt und darüber ein Mgr, dann ferner von jedem Morgen Land, als von Erb-Land vier Mgr, Lehn-Land drey Mgr, Wiesen oder Grasland zwey Mgr, Zins- oder Meyer-Land 1 Mgr, und dieses also zu verstehen, wer solches unter dem Pfluge hat und gebrauchet. Pastoren und Küster bleiben ihre Wohn- und Pfarr-Häuser .... auch ihr darin habendes notdürftiges Viehe und der von altershero darbey gebrauchte Landerey-Vermögen oder Wiesen ... frey und unbelastet. Von der

Länderey und Gütern aber so darbey in der Land-schaft-Distribution gewiesen und etwa den meyern abgenommen oder sonsten Hauß, Hütte und Güter, so durch handt Pfand- oder Pachtweise an sich ge-bracht, oder hiefort an sich bringen würde, davon sollen sie gleich anderen ihren Nachbarn contribuieren.[1]

Die Unterscheidung der Bauernklassen betraf demnach außer der Steuerlast vor allem die den Bauern auferlegten Spann-dienste. Vollspänner mussten zwei ggf. sogar vier Pferde für Dienste für ihre Gutsherren anspannen. Halbspänner bzw. Halbmeier stellten meist nur ein Pferd. Bei Großkötnern waren häufig ebenfalls Pferde vorhanden, die dann auch zu Dienstleistungen herangezogen wurden. Interessant ist, dass nur Kühe und Schweine besteuert wurden, Pferde dagegen nicht. Insofern herrschte ein gewisses Maß an Gerechtigkeit, weil die Pferde ja ohnehin im Spann Leistungen für den Grundherrn erbrachten.

Kleinkötner und Brinksitzer besaßen in der Regel keine Pfer-de. Ihnen fielen die Handdienste zur Last. Wenn solche Klein-bauern ihre Felder bestellen wollten, mussten sie auf Ochsen oder gar Milchkühe zurückgreifen. Manchmal half auch der Nachbar mit seinem Gespann aus.

Die allgemein verhassten bäuerlichen Dienstpflichten waren eine wesentliche Belastung der Landwirtschaft. Erst im 19. Jahrhundert konnten sie durch Geldzahlungen abgelöst wer-den. Im Rahmen dieser Betrachtung kann darauf jedoch nur am Rande eingegangen werden.

Zugpferde, Holzschnitt (Jost Amman?) aus Caius Plinius II.
„Von Natur, Art und Eigenschaften aller Creaturen"
im Verlag Jost Feyerabend, Frankfurt, 1583

Wir erfahren aus noch vorhandenen Quellen zu den Spanndiensten nebenbei etwas über damalige soziale Verhältnisse.
In den Jahren 1823 bis 1830 baute man eine Chaussee auf der
Trasse der heutigen Walsroder Straße. Eine zweite führte auf
der Linie der heutigen B6. Für diesen Bau waren die Bauern
des Amts Langenhagen spannpflichtig. Deshalb hatte Ortsvorsteher Kuhlmann 1826 die Zahl der vorhandenen Arbeitstiere
im Dorf Langenhagen der Behörde mitgeteilt. Dieses Verzeichnis wurde wegen Beschwerde des Zolleinnehmers Gotthard Eicke[*] erstellt, der wie seine Nachbarn nur zwei Pferde
stellen wollte, obgleich er vier besaß.

Hier sein Beschwerdebrief, man kann ihn durchaus als Erpres-
sungsversuch ansehen:

---

[*] Gotthard Eicke besaß damals den größten Hof, die Nr. 9 in der
Kircher Bauerschaft. Er war ein bedeutender Pferdehändler und
fungierte als Zolleinnehmer.

Sehr geehrter Herr Kuhlmann

wegen der Spanndienste an der Chaussee wird ihm bekannt sein, daß mir drei Pferde angesetzt worden sind, und meinem Nachbarn sind gar keine Ochsen angeschrieben worden, als bloß zwey Pferde.

Ich ersuche Sie darum, mir das dritte Pferdt abzusetzen, und mit meinem Nachbarn gleich zu machen. Ich möchte nicht gern der Wegebau-Commission die Augen öffnen und ein Verzeichniß überreichen, was jeder Haus-Wirth an Pferden und Ochsen hat. In Erwartung der Erfüllung meiner Bitte verharre ich

Ergebenst

Langenhagen 16ten Octbr. 1826   G. Eicke

Kuhlmann ging darauf anscheinend nicht ein. Eicke musste sich alsbald höheren Orts beschwert haben, denn kurz darauf forderte die Hannoversche Landdrostei als zuständige Behörde Bericht des Herrn Amtmann. Dieser antwortete:

An Königliche Landdrostei

... überreiche Aufstellung der Hand und Spanndienste ...

Durch eine ... wider die Gemeine Kircher Bauerschaft von deren Einwohner Gotthard Eicke eingebrachte Denunciation hat sich ein Hinweis ergeben, daß viele Hauswirthe auch ihre Ochsen mit vorzuspannen pflegen.

Diese Ochsen werden zum Verkauf auf den Märkten gehalten und nun öfters um den Pferden eine Erleichterung zu verschaffen mit zum Ackerbau gebraucht.

Da unseres unvorgreiflichen Dafürhaltens der Verordnung nach nur die principaliter zum Ackerbau gehalten werdenden Ochsen zu Spanndiensten berechnet werden sollen, so haben wir sub spe rat. selbige bevor Königliche Landdrostei uns desfalls mit einer Bescheidung zu verfahren beliebt, um so weniger in die Listen aufgenommen, als solche bisher frei gewesen, die Gemeine resolviert, dann die Ochsen abschaffen zu wollen und nicht zu bezweifeln, daß auch in den anderen Ortschaften ähnliche Verhältniße in Hinsicht der dort befindlichen Ochsen vorhanden sind.

Müller

angeschlossen:

Verzeichnis der Pferde und Zug-Ochsen in der Kircher Bauerschaft,
wie solche ein jeder selbst angegeben:

Hauswirth	Pferde	Ochsen	Bemerkungen
Friedrich Rust	2	-	
Daniel Bodenstab	2	-	
Witwe Bodenstab	2	-	
Heinrich Behrens	2	1	hat den Ochsen nicht getrieben
Friedrich Steding	2	2	haben die Ochsen wenig getrieben, sollen Martini-Markt verkauft werden, und haben erklärt, wenn sie dafür Chaussee-Dienst thun, sie gar keine Ochsen treiben wollen
Heinrich Rogge	2	2	
Herr Rittmeister Cordemann	2	-	und 2 Kutschen Pferde
Gotthard Eicke	4	-	
Heinrich Kuhlmann als Vorsteher	2	-	hat die Ochsen im Sommer an Hr. Ehlermann verkauft
Friedrich Plincke	2	-	

Friedrich Mehsenbrink und ein Reitpferd	2	-	
Friedrich Wiebe	2	2	hat die Ochsen nicht getrieben
Conrad Wede	2	-	
Heinrich Sievers	2	-	
Wilhelm Mohrlüder	2	-	Die Pferde sind so schlecht, daß er sie nach dem Abdecker bringen mus
Friedrich Bartels	2	-	haben jeder 2 Pferde aber
Friedrich Bodenstab	2	-	sind so schlecht, wollen bitten jeder nur ein Pferd ansetzen
Summa	36	7	

Langenhagen d. 20ten October 1826
Mit den Handdiensten sind weiter keine Veränderungen, als das Gotthard Eicke für sein neues Haus zwey Tage dienen mus
Kuhlmann

Diese Liste sollte vorrangig belegen, dass entgegen Eickes Behauptung im Grunde keine Ochsen für Dienste verfügbar waren. Zudem waren die aufgezählten Pferde nicht alle geeignet. Die Kutschpferde des Rittmeisters Cordeman kamen für den geforderten schweren Zug nicht in Frage. Gleiches galt für die „schlechten Pferde". Allerdings stammten die Angaben von ihren Besitzern. Es wäre nicht unwahrscheinlich, dass diese ihr Gespann bei fälliger Feldarbeit ganz anders bewerten würden.

Die ersten neun Bauern auf obiger Liste waren Vollmeier, die anderen Halbmeier oder Großkötner. Mit Ausnahme des reichen Zolleinnehmers und Pferdehändlers Eicke hatte niemand mehr als zwei Arbeitspferde im Besitz. Für den Straßenbau im Amt Langenhagen wurden damals allgemein nur zwei Pferde von jedem spannpflichtigen Betrieb angefordert. Gemeindevorsteher Kuhlmann aus der Kircher Bauerschaft war wohl kein besonderer Freund seines Nachbarn Eicke vom Hof Nr. 9, dass er diesen mit einem Pferd mehr zur Dienstleistung einteilte.

Münchener Bilderbogen: Einfahren eines jungen Pferdes

Die nachfolgende Tabelle gibt einen Überblick der im Jahr 1823 für den Neubau der Chaussee nach Nienburg geforderten Dienste:

02.06.1823

*Langenhagen muss **fahren** 2853 Kästen Grand*

*Langenhagen muss **sieben** 1293 Kästen Grand*

Leistungstabelle:

		Kaltenweide	Krähenwinkel	Kircher Bauerschaft	Langenforth
1.	*Aufladeplatz Stehlingen*				
2.	*Abladeplatz Meyenfeld*				
3.	*Entfernung Aufladeplatz von der Gemeinde Std*	2	2	1 ½	1 ½
4.	*Entfernung Abladeplatz von der Gemeinde Std*	2 ½	2 ½	2	2
5.	*Aufladeplatz – Ablade-*	¾	¾	¾	¾

	platz Std				
6.	*Der Anspänner der Gemeinde kann täglich liefern 16 Kubikfuß*	3 ½	3 ½	3½	3 ½
7.	*Die Gemeinde muß stellen Spanndienste á 2 Pferde*	58	72	72	42
8.	*Die Gemeinde hat daher zu fahren Kästen á 16 Kubikfuß*	203	252	252	147
9.	*Handdienste zum Grand-Sieben am Stehlinger berge*				
10.	*Handdienste daselbst täglich Kasten á 16 Kubikfuß*	1	1	1	1
11.	*Die Gemeinde muß stellen Handdienste*	102	21	36	24
12.	*Die Gemeinde hat daher zu sieben Kasten á 16 Kubikfuß*	102	21	36	24

In der Kircher Bauerschaft standen maximal 36 Pferde – d. h. 18 Gespanne zur Verfügung. Bei geforderten 72 Spanndiensten, hätte jeder Dienstpflichtige Pferde, Wagen und Pferdeknecht vier Tage lang stellen müssen. Das gefiel ihnen sicher nicht. Man stelle sich analog vor, wie wir heute reagieren würden, wenn wir mit unserem PKW an vier Tagen Müll abfahren sollten.

Außer den zum Neubau verschiedener Straßen geforderten Diensten mussten viele Bauern im Amt Langenhagen Spanndienste im sogenannten herrschaftlichen Moore leisten. Auch dabei gab es Differenzen über deren Umfang, denn die königliche Verwaltung hätte es gern gesehen, wenn jeder Pflichtige nicht nur die gewöhnlichen Fuhren an sechs Tagen im Jahr leisten müsste. In dieser Sache liegt ein ausführliches Gutachten des Amtmanns Reinecke aus dem Jahr 1839 vor, das ich in Auszügen wiedergebe:

An Königliche Domainen-Cammer zu Hannover

Bericht des Amtes Langenhagen vom 27ten März 1839
betreffend
die behuf der herrschaftlichen-Moor-Administration für Geld zu
leistenden Dienste

Wegen der mittels Rescriptes vom 15. April 1833 erforderten gut-achtlichen Ansicht über den, hierneben zurück zu liefernden Bericht des Moorcommissairs Wehner ohne Datum, zeigten unterm 11ten Mai 1833 die Nothwendigkeit einer Einsicht der Acten über die frühere Moorverwaltung an, und baten, uns dazu Gelegenheit zu verschaffen.

….

Die Beurteilung der Dienstpflicht der Unterthanen im hiesigen Amte, wird nothwendig der am 26ten April 1656 mit denselben aufgerichtete und von der damaligen Fürstlichen Cammer vollzogene Dienstreceß in Rücksicht zu nehmen sein, weshalb wir eine Abschrift davon hierne-ben vorlegen.

Durch denselben ist der Herrendienst übrigens auf bestimmte Tage festgestellt, nur sind vorbehalten:

die Dienste zur Gewinnung und Einbringung des Heues aus der Ruther Marsch (wird wahrscheinlich mit der jetzigen Ruther Marsch bei Coldingen identisch sein) behuf der allerhöchsten Hof-haltung,
die zur Landfolge aus hohen Jagden erforderlichen Dienste
die behuf Brieftragens und Wegebesserungen,
wegen der Unterhaltung der Gebäude auf der hiesigen Domaine, soweit sie herkömmlich den Unterthanen obliegt.

Im Allgemeinen ist aber von Seiten der allergnädigsten Herrschaft den Amts-Einwohnern gelobet.

„über diesen sollen dieselben mit keinen mehreren Diensten von keinem Beamten oder Amtsdiener, er sei wer er auch wolle, beladen werden."

Diesem nach wird es darauf ankommen:

- *ob die fraglichen für Geld zu leistenden Dienste, als durch die in dem gedachten Dienstreceß geschehenen Vorbehalte aufrecht bleibend erachtet werden können?*
- *ob, wenn jenes zu verneinen sein würde, nach Errichtung des Dienstreceßes Umstände eingetreten seien, welche eine rechtliche Nothwendigkeit der Unterthanen zur Leistung solcher Handarbeiten und Fuhren als Dienstpflicht herbeiführen können?*

und in welchem Maße das der Fall sei?

Die fraglichen Dienste sollen geleistet werden behuf Benützung der herrschaftlichen Moore in hiesigem Amte

- *mit der Hand, so weit von Gewinnung des Torfes auf dem Moore die Rede ist,*
- *mit dem Spanne, zum Zwecke der Überbringung solchen Torfes bis nach Hannover*

beides jedoch nur dann, und in so fern, als die ordinairen Herrendienste zur Erreichung dieser Zwecke nicht genügen.

Hieraus folgt nothwendig, daß sie zu dem ordinairen Herrendienste nicht gerechnet werden können, und daß die vorhin unter Lit. a. c. und d. wie auch unter b. wegen der hohen Jagden angeordneten Vorbehalte jene nicht treffen können.

Es bliebe demnach von allen Vorbehalten nur noch die unter Lit. b. wegen „der Landfolge" übrig. Allein nach dem allgemein üblichen auch in Struben restliche Bedenken Theil II Band 8 & 9 anerkannten Sprechgebrauche, kann als Landfolge nur Dienstleistung zu Staats- und Hoheits-Zwecken angesehen werden. Es dürfen mithin die die Dienstleistungen behuf Benutzung der Moore, weshalb das herrschaftliche Domanium nur in dem Verhältnis eines Privat-Eigenthümers steht, bestimmt nicht zu den Landfolgen gerechnet werden.

Aus dem Dienstreceße die Befugnis zu diesen Dienstleistungen zu folgern, scheint uns daher unmöglich.

Könnte aber dennoch Grund zu Zweifeln gegen diese Annahme vorhanden sein, etwa weil die Torfgewinnung und Ausfuhr für königl. Domainen-Cammer und die bei Königlicher Behörde angestellte Dienerschaft geschehen, so bemerken wir ganz gehorsamst, daß nach den Amts-Acten B V 6 Nro. 2 „betreffend die Dienstbeschreibung des Amtes" wie die Amts-Unterthanen am 5ten April 1659 sich darüber beschweren, daß sie über die durch den Dienstreceß von 1656 festgestellten Tage noch Dienste zu herrschaftlichem Bedarf leisten sollen, durch ein im Original vorhandenen Rescript der damaligen fürstlichen Cammer vom 20ten April 1659 dem damaligen Amtsvogt hierselbst bedeutet wurde, daß die Unterthanen nicht über die aus dem Dienstreceß hervorgehenden Pflichten zum Dienen angestrengt und ihnen die über Gebühr abgedrungenen Dienste vergütet werden sollen. – Danach sind also Dienste zu herrschaftlichem Bedarf nicht als Landfolge im Sinne des Receßes anzusehen.

Ähnliche Verfügung enthält ein Rescript vom 19ten Juni 1675 doch erhellet nicht, zu welchem Behuf, die als zur Ungebühr geforderten Dienste angenommenen Leistungen geschehen sind.

Was gibt dieser umständliche Bericht nun her? Erstens wehrten sich die Langenhagener Bauern bereits im 17. Jahrhundert gegen zusätzliche Belastungen durch Spanndienste. Der Landesfürst erkannte damals ihre Bitte um Bewahrung der althergebrachten Grenzen der Dienstpflicht durchaus an. Deshalb verfügte er, dass keine zusätzlichen Dienste zu leisten seien. Die hohen Herren wussten ansatzweise, dass diese

Spanndienste Pferde, Wagen und menschliche Arbeitskraft von der Feldarbeit abzogen. Die Landwirtschaft konnte deshalb nicht so gut gedeihen. Dieser Mangel beeinflusste die Steuerkraft der Untertanen wiederum negativ, was den Regierenden nicht opportun erschien.

Ungeachtet solcher Einsichten, gab es weiterhin genügend Anlässe für Spanndienste mit den Arbeitspferden der Bauern. Reinecke zählte neben den gewöhnlichen Herrendiensten noch Fahrten wegen Jagddiensten, zur Erledigung von Post, bei Baumaßnahmen an den Amtsgebäuden und zur Wegebesserung auf. Der Fall der Wegebesserung ist oben als Beispiel für die Jahre 1823 – 1830 beschrieben. Natürlich gab es solche Maßnahmen auch in anderen Jahren. Einen weiteren Einblick in Art und Umfang der Spanndienste erlaubt folgendes Dokument (im Auszug):

Bericht vom 29. Mai 1828

Denunciation wider die Hauswirthe Plinke und Döpke zu Evershorst wegen verweigerter Stellung einer Landfolgefuhre
Am 22. Mai dieses Jahres war der Arrestant Heinemann von Bissendorf zum Königlichen Amt Ricklingen zu bringen; Die Tour zu fahren war an der Gemeinde Brink [Evershorst wurde hier mitgezählt]. Weigerungsgrund: Fuhren müssen immer 24 Stunden vorher bestellt werden. Das Amt kennt kein solches Verzugsrecht. Die Einwohner Plumhoff und Hanebut in Brink verleugnen die Zahlung von 1 Rth 12 Mgl ebenfalls.
der Gohgräfe Kliebé

Landfolgefuhren im Dreißigjährigen Krieg

Die Nachteile bisher angeführter Spanndienste waren nichts im Vergleich zur Lage der Bauern im Dreißigjährigen Krieg. Sie mussten nicht nur Fourage, also Futter für die Kavalleriepferde, liefern, nein, sie mussten außerdem auf ihren Wagen Verpflegung ins Feldlager bei Hildesheim bringen. Es kam zum Schlimmsten. Die Truppe behielt Pferde und Wagen im Lager. Die Leute aus Langenhagen wollten natürlich das lebenswichtige Inventar ihrer Wirtschaft wieder bekommen. Sie konnten sich aber nur durch Bittbriefe an die Obrigkeit dagegen wehren. In der angeführten Bittschrift verwiesen die Betroffenen am Schluss auf einen Punkt, den Herrmann Löns in seinem Roman „Der Werwolf" literarisch verwendete:

WohlEdelen gestrengen Vesten Hoch. Wohlgelahrten Manhafften undt Großachtparen Großgünstigen Herrn Fürstl. Braunschweigischen Kriegs Räthen[3]

Was uns armen Unterthanen ernstlich bei Leib und Lebens staff von
unserem herrn Voigt Henrico Julio Schrader wie beikomendes
gedachtens Befehlig jeder Strang, weil die gantze Vogtey auf vier
Strenge gerechnet und geschlagen, so viel aufzubringen und nachem
Hildesheimischen Lager zu schaffen, auferlegt, solches weiset bey
kommendes Befehlig, davon hiebey Copey, mit mehrerem aus.
Wenn wir nun solche Befehlig gern bariren undt nachkommen wollen,
so ist uns doch solches in diesen Zeiten gantz unmüglich, aus
Uhrsache weil wir fast alle Tage Einquartierungen, streitenden
Partheyen und sonderlich das Vordorp und Bothfeler Strang zu Pfer-
de und zu Fuß so hoch hinan leufft in diesen bösen Zeiten haben,
deshalben auch schon etzliche das Ihrige verlauffen, fliehen und hintan
setzen müßen. Wir haben ferner Herrn Rittmeister Körner für diesen
auf strengen Befehlig Proviant und nachero dem Veldtlager einschaffen
müßen, Die haben uns dan die Pferde undt Wagen behalten, angese-
hen ihnen für diesem verlangt von den Herrn Commissarys undt
Räthen, das uns unsere pferde undt Wagen sollen restituirt werden,
daruf aber nicht viel erfolget. Die wir aber wieder bekomen sein derge-
stalt zu gering, das wir sie nicht anhero gebrauchen können besonders
alsbaldt nieder fallen undt versterben. Mit Ochsen und Kühen aber
solcher gestalt zu faren ist unmüglich, desgleichen auch des herrn Ge-
neral Majoris welcher dieienigen welchen wir Proviant auch dis mahl
einschaffen müßen, dan sie irgent 3 oder 4 Tagen wegen unserer hohen
Unvermügenheit gewartet, worauf sie derogestalt stehen wirt, das wir
Ihnen sechs Thaler und 24 Mgl imgleichen ihren rittmeister Korber
nachzalen müßen. Wornach sich der Feindt zeichent, daruf sie
Kundtschaft kelegen, undt alles was wir zu behuf unsers Veldtlagers
geben, ihnen auch bey höchster Straff mit großer Brandt und Plünde-
rungs Bedrohung geben, undt ohne Erbarmung einschaffen müßen.
…
Derenthalben gelangt WohlEdelen gestrengen Vesten Hoch.
Wohlgelahrten Manhafften undt Großachtparen Großgünstigen
Herrn unsere unterthenige undt gehorsame Bitte, Sie wollen uns doch

---

umb des lieben Gottes Willen geruhen unser erbarmen undt was doch
hierin unserer hohe Beschwerung von beiderseits consideriren undt
betrachten, das wir doch mügen in diesem Linderunge bekomen. In
Betracht das wir an zweien örtern mit großer uncost den starcken
Ausschuß halten müßen, sonsten müßen wir nolens volens alles
verlauffen mit unseren armen Weib undt Kindern an den Bettelstab
geraten, undt verschmachten, welches in einen Stein geschrieben dan
einen Menschen erbarmen mus. Getrostung uns aber Gott der
Allmechtige werden WohlEdelen gestrengen Vesten Hoch-
Wohlgelahrten Manhafften undt Großachtparen Großgünstigen
Herrn in diesem hier kurtz Erleuchteten erweichen, ertregliche Mittel
finden laßen, undt solchem Unheil zuvor kommen. Wir sint es
WohlEdelen gestrengen Vesten Hoch. Wohlgelahrten Manhafften
undt Großachtparen Großgünstigen Herrn mit Leib undt Bluth zu
dienen schuldig undt erbötig, sollte hierin kein medicum gefunden
werden, müßen wir uns in die Wälder verkriechen, Hütten bauen,
Weib und Kinder verlaßen, waß ist E. Fürstl. Gnaden dan damit
gedienet.
Datum den 2ten *Martii Anno 1634*

> *E. WohlEdelen gestrengen Vesten Hoch. Wohlgelahrten*
> *Manhafften undt Großachtparen Großgünstigen Herrn*
>> *Unterthenige und gehorsame*
>> *Armen*
> *semptliche Einwohner der Vogtey*
> *Langenhagen*

Der obige Bittbrief bezeugt historisch wichtige Einzelheiten: die Truppen des Herzogs lagen bei Hildesheim im Feldlager. Sie mussten dort von Einwohnern der Dörfer im weiten Um-kreis versorgt werden. Für die weite Fahrt waren nur Pferde geeignet. So mussten die Bauern aus Langenhagen Pferd, Wagen, Ladung unter Leitung eines erwachsenen Sohns oder eines Knechts auf die ungewisse Reise schicken. Damals streiften nämlich Reiter der kaiserlichen Truppen unter Tilly durchs Land, denen Reisende ebenso wie die ungeschützten Dörfer ausgeliefert waren. Von solchen Reitern wurden die Leute aus dem Amt Langenhagen auch mit Brandschatzung bedroht. Auf diese Weise erpresst, mussten sie zusätzlich die fremden Truppen mit Lagern bei Neustadt und Nienburg versorgen. Die eigenen, herzoglichen Truppen verhielten sich nicht besser, denn sie gaben den Langenhagenern – selbst auf höchsten Befehl hin – nicht die eigenen Pferde und Wagen zurück. Es kamen allenfalls abgetriebene Klepper, *„die bald niederfallen und versterben"*. In dieser Notlage bliebe ihnen als letztes Mittel, so wurde es im Brief nahezu angedroht, nur Flucht in die Wälder übrig, wo sie dann zwar ohne Haus und Hof, aber auch ohne weitere Lasten ihr Leben fristen würden.

Einige Wochen vor dem obigen Schreiben hatten sich die Einwohner der Amtsvogtei Langenhagen bereits an ihren Amtsvogt Heinrich Julius Schrader gewandt, damit er sich für Ermäßigung ihrer Kriegslasten einsetzen möge. Der Vogt versuchte in der Folge durch Schreiben an die Herren im Feldlager Besserung zu erreichen. Man kann sich aber leicht denken, dass die Beamten der Kriegskanzlei, seine Bitte ebenso wie die schriftlichen Hilferufe der „sämtlichen Eingesessenen des Amts Langenhagen" nicht gerade an die erste Stelle der Agenda rückten. Außerdem dürften sie selber nur mäßigen Einfluss auf die kommandierenden Feldhauptleute und Anführer gehabt haben, die sich auf Kosten der ländlichen Bevölkerung auf die erwartete Feldschlacht vorbereiteten.

Es geschah im Laufe dieses Krieges noch wesentlich mehr Unrecht als die Wegnahme von einigen Pferden und Wagen. Dessen ungeachtet versuchten die Betroffenen durch demütige Bittbriefe ihren wertvollen Besitz wieder zu erhalten. Als Beleg sind einige dieser „Supplikationen" bis heute erhalten geblieben.

Schrader, der in Langenhagen immer noch gegenwärtig ist, weil der im Jahr 1630 von ihm gestiftete Taufstein an prominenter Stelle in der Elisabethkirche steht, hatte sich damals aus dem unsicheren Amtshof in die befestigte Stadt Hannover zurückgezogen. Vermutlich wollte er den Ausgang der bevorstehenden Schlacht innerhalb der dortigen Mauern abwarten. Diese fand dann an mehreren Tagen im Juli 1634 im Raum Sarstedt – Pattensen – Rethen – Grasdorf - Hannover statt und endete mit einer Niederlage der Kaiserlichen. Infolgedessen zerstreuten sich einige Regimenter der kaiserlichen Truppen. Die herumirrenden Soldaten wurden ohne viel Federlesen von örtlichen Bauern niedergemacht, deren Zorn sie vorher durch Plünderungen und allerlei Gewalttaten reichlich angereizt hatten. Es sollen, den zeitgenössischen Quellen nach, dadurch Tausende ums Leben gekommen sein. Die Langenhagener waren dabei aber nicht aktiv. In jedem Fall flüchteten die davongekommenen Regimenter Richtung Münster, wurden aber von schwedischen Truppen verfolgt. Im Nachgang dieses militärischen Erfolgs blieb das Herzogtum Braunschweig und Lüneburg vom weiteren, massiven Kriegsgeschehen weitgehend frei. Allerdings muss aus Langenhagener Sicht vermeldet werden, dass die verbündeten Schweden gegen Ende des Krieges nochmals in Langenhagen hausten und neben Geld, Mettwürsten oder Schinken auch das eine oder andere Pferd wegnahmen. Da sie in geschlossener Kompanie durchritten, blieben die Bauern friedlich.

In Kaltenweide versuchten jedoch streunende Landsknechte Pferde vom Wagen dortiger Bauern wegzunehmen, was ihnen nicht gut bekam. Von seinen kostbaren Pferden mag sich der Ackermann auch bei Gewaltandrohung nicht einfach trennen. Man hatte wegen solcher Überfälle in den letzten Kriegsjahren Wachen eingesetzt, war auch selbst mit Gewehren bewaffnet, so dass man dem einfallenden Kriegsvolk durchaus wirkungsvoll zusetzen konnte. Einem Bittbrief[4] vom 3. Februar 1642 ist folgender Sachverhalt zu entnehmen:

Welches denn verursacht hat, ... , daß wir nothwendig zu unserem gewehr greiffen und zur defension dreist zuzuschlagen, wenn wir weg oder zu der Stadt reisen, unß bewehren und für solche aber ohne schutz wißen. Es sein aber für wenig dagen zwey Reuter, welche vorgeben, sie sein von Ritm: Bähren, in das dörfl Wagenzelle beym Langenhagen gefallen, einer wann er geschwindt ein Pferdt fürm wagen auff dem Hoffe auszuspannen und damit wegk gewolt, worüber der Mann auff die Wacht geruffen und umb Hülfe gebeten, welche ihme auch wiederfahren und der Reuter also das Pferdt verlaßen müßen, welcher sich gewehrt, das Rohr ergriffen, angeschlagen, und unter die Wache schießen wollen, und ob er wol von denselben genug gewarnt und gebeten, er möchte einhalten, hat selbst doch nicht helffen mögen, worauf die sich also abgewand und wegk geritten, kurtz fürm dörffe zwey Hopfenkarren wieder angefallen, welche ihrerseits auch drey Male nach ihnen geschoßen, da sie denen auch wieder weichen müßen, und den dritten dagk einer von ihnen gestorben, von welchem er getroffen ist uns unwißend

Dieser Text wurde teilweise unklar formuliert. In jedem Fall war der Raub des Pferdes auf dem Wagenzeller Hof gescheitert. Bauern, die zur Hilfe gerufen wurden, hatten sich gewehrt. Dazu haben sie, was in dem Text unklar blieb, selbst auch zum Gewehr gegriffen. Bei der Verteidigung der beiden Hopfenkarren haben deren Besitzer geschossen. In diesem Scharmützel ist einer der beiden Reiter so schwer verletzt worden, dass er am dritten Tag danach verstarb. Selbstverständlich war den Verteidigern klar, wer da den erfolgreichen Schuss abgab. Das musste man der Obrigkeit jedoch gewiss nicht mitteilen. Es war ja immer möglich, dass diese sich mehr für die eigene Soldateska interessierte als für die *„armen, hochbedrängten Einwohner"* der Vogtei Langenhagen.

Wie die anschließende Reaktion des um Hilfe gebetenen Herzog Christian Ulrich[*] zeigte, war das jedoch nicht der Fall. Er ließ umgehend, d. h. 4 Tage später, an seinen Onkel Herzog Friedrich zu Braunschweig – Lüneburg, schreiben: *... die „demobilierten Reuter"* unter Rittmeister Bähren und Rittmeister Lützow sollen sich allen *„außlauffens, streifens und Plündernß"* enthalten. Wie weit diese Bitte umgesetzt und eingehalten wurde, ist eine andere Frage. Vermutlich ging es nahezu überall ähnlich zu. Es wurden fürstliche Befehle an die Truppen erlassen, die dann gegen diese nicht oder nur in geringem Umfang durchgesetzt werden konnten.

---

[*] Herzog Christian Ulrich regierte das Fürstentum Calenberg – Grubenhagen 1641 – 1648

Im oft als völlig gesetzlos angesehenen Dreißigjährigen Krieg gab es gleichwohl in unserem Raum durchaus so etwas wie Rechtspflege. Es konnte also geschehen, dass ein Pferdedieb nicht mit seiner Beute durchkam, sondern festgesetzt wurde. Ein Beispiel gibt das überlieferte Konzept eines Schreibens Herzog Augusts des Älteren zu Braunschweig-Lüneburg an den Grafen von Schaumburg. Die Eingesessenen der Vogtei Langenhagen hatten sich wegen „Wegnahme von Pferden" bei ihm beklagt. Der Dieb Hans aus Stöcken war wohl andernorts verdächtig geworden, weshalb man ihn zu Rodenberg inhaftierte. Rodenberg gehörte 1635 zur Gerichtsbarkeit der Grafen von Schaumburg. Der Herzog konnte daher nicht frei über den Gefangenen verfügen. Er musste vielmehr um Amtshilfe bitten:

An den Graven zu Schaumburgk[5]
10. octobris Anno 1635
Augustus
Besonders lieber Oheimb und getreuer Neffen, bey uns die semptlich Eingesessenen Unserer Voigtey Langenhagen, das ihnen von ihren Nachbahren Kindern ihre Pferde heimblich abgenommen und deswegen Hans Broihan von Stöckheimb zum Rodenberge in gefenglich Hafft genommen sein soll, sich unterthenig beklagen, suchen und pitten, solches geben wir euch durch den löblichen Beischluß undt mehrem zu vernehmen. Wann nun sothane dieberey undt Unthaten rechtswegen pillig gestrafft werden mus, als gesinnen wir hiermit günstig ihr wollet an gehörenden Ort die ohnablessige Verhörunge thuen, als besagter Delinquent Hans Broyhan # zu gepührender Straffe gezogen undt auch gedachte unsere ohne das hochbedrängte arme Unterthanen zu ihren abgenommenen Pferden hinwieder gelangen können. Datum Zell 10. octobris 1635
...
 # solchen befehlig ...unleserlich... ihn und andere seiner complices

---

36

Die Leute aus der Vogtei Langenhagen wollten insbesondere ihre Arbeitspferde wieder erhalten, denn im September und Oktober mussten die Felder bestellt werden. Zugleich wünschten sie eine gebührende Bestrafung des Pferdediebs. Zu dieser Zeit wäre das in jedem Fall eine Todesstrafe gewesen. Hans Broyhan drohten Galgen oder Rad, was - wie wir heute wissen - keine besonders abschreckende Wirkung hatte.

Wenn man noch tiefer in den Lauf der Geschichte hinabsteigen will, wäre die Fehde des Balthasar Oldehorst gegen Langenhagen zu erwähnen.[6] Oldehorst hatte im Juli 1586 aus Rache acht Pferde des Nachts auf der Weide *„mit einem Spieß jämmerlich durchstochen und zu nicht gebracht"*. Den Bauern war dadurch immenser Schaden entstanden, den sie selbst nur schwer ersetzen konnten. Ein Pferd kostete damals etwa so viel, wie ein Vollmeier im ganzen Jahr an Bargeld einnahm. Die Betroffenen konnten deshalb ihre Ernte zunächst nur mit nachbarlicher Hilfe einbringen. Außerdem wurden gute Arbeitspferde nicht verkauft. Auf den Markt kamen in der Regel Jungtiere bis zum Alter von drei Jahren oder aber Gäule, deren Leistung zu wünschen übrig ließ oder die wegen besserer Nachzucht nicht mehr benötigt wurden. Mehr dazu im Kapitel „Pferdehandel" im ersten Band.

Geschichte der Spanndienste allgemein

Kriegerische Auseinandersetzungen brachten Langenhagener Bauern durch Verlust ihrer Pferde in gravierende Not. Aber die Pflicht der Spanndienste erschien ihnen oft kaum erträglich. Wir erkennen im Blick auf die Geschichte nicht nur weitere Belastungen für die hiesigen Bauern. Es sind zudem Einblicke in den vielfältigen Gebrauch der Arbeitspferde bis zur Mitte des 19. Jahrhunderts möglich.

Zur Erinnerung: aufgrund hoheitlich bestimmter Pflichten mussten die Pferde zum Transport von Torf, Bauholz, Gefangenen und beim Straßenbau angespannt werden. Jagdbedarf war ebenfalls zu transportieren, was weiter unten näher erklärt wird. In der Abschrift des Erbregisters aus dem Jahr 1660 wurde zum Beispiel der Umfang der Spanndienste für Baumaßnahmen auf der Festung Calenberg verzeichnet:

„Die Langenhäger Baurschaft, daß Botfelder Caspell, die Göddershörner, Engelbörsteler., Stögkheimer, Brinker, Wagenzeller undt alle dienstpflichtige Ortleute[*]*, auch daß Dorff Höringhausen, sein verpflichtet, nach für fallender Behuff der Vehstung Calenbergk, wen an derselben gearbeitet wirdt, auch wen Büttnherholtz dah vonnöthen, daßelbe aus dem Lauwenwalde, wie auch das Bauholtz biß auff die Goseride vor Hannover oder bey daß Dorff Hainholtz zue liefferen. Daselbst wird es durch die Calenbergischen Unterthanen ferner abgeholet. ...*

Sein auch schuldig andere vorfallende Fuhren an Fürstl. Vögtey alhir nach ihrer Gelegenheit und Vermögen zu verrichten, die Rely S. Illmo zue Nutzenn kommen. "

Was dann andere vorfallende Gelegenheiten waren, blieb ziemlich offen. Es konnte alles und jedes sein, wenn es nur dem Landesfürst oder seinen Beamten nutzbar schien. Ein spezieller Dienst war jedoch festgeschrieben. Seit Anfang der erhaltenen Aufzeichnungen waren die Untertanen mit Jagddiensten belegt, wie in einer alle Verpflichtungen zusammenfassenden Urkunde aufgeführt wurde. Dass der Landesfürst beim Tode eines Bauern ggf. ein Pferd als „Weinkaufsgebühr" beanspruchen konnte, soll hier nur nebenbei berichtet werden:

„Ferner sind 32 Höfe zu Kraehenwinkel, Kircher Bauerschaft, Langenforth und Maspe bei dem Tode des Hofwirths zur Entrichtung einer Körmede[+] bestehend in einem Pferde oder Ochsen, welche mit 2 - 8 Thalern bezahlt werden, schuldig.*

Diese Stellen sind noch zu herrschaftlichen Haushalts-Moor- und Jagddiensten, und drei Stellen, die des Holzknechts zu Pinckenburg, des Großköthners Otto Frage zu Herrenhausen und Strige zu Großen Buchholz, zur Entrichtung von Kornfrüchten verpflichtet."[7]

Was waren nun diese Jagddienste? Die früheste Quelle sind Abschriften einiger Rezesse aus dem Jahr 1539, in denen Jagdgrenzen beschrieben wurden.[8] Zugleich sind umfangreiche Befragungen von Zeugen aus dem Amt enthalten, die die Art der Jagd erkennen lassen. Im 16. Jahrhundert wurde das Wild unter anderem in Stellnetze, das sogenannte Garn, getrieben. Diese hunderte Meter Netze waren vom Amtsvogt

---

[+*] Diese Gebühr hatte der Erbe des Bauern zu leisten, wenn er den Hof übernahm. In manchen Fälle auch die hinterbliebene Witwe, wenn der Hoferbe noch nicht mündig war.

Heinrich Lewa beschafft worden. Sie lagerten in der Amtsvogtei Langenhagen und mussten von dort mit Pferd und Wagen zum jeweiligen Treiben, etwa in den Resten des Lauenwaldes gebracht werden. Dort waren die letzten Hirsche im Amt Langenhagen, natürlich Rehe und Wildschweine und unter Umständen auch Wölfe zu erbeuten. Diese Informationen sind einem Schriftwechsel des Amtsvogt Barthold Volger mit der Herzoglichen Kanzlei entnommen, dessen Anlass Streitigkeiten wegen der Grenzen mit dem benachbarten Herzog zu Celle waren.[9] Im Jahr 1669 beklagten sich *„sämtliche Eingesessenen des Amts Langenhagen"* brieflich über zu hohe Belastungen durch die Jagddienste. Die fürstlichen Räte ließen sich deshalb vom Oberjägermeister Georg von Wangenheim über deren Einsatz berichten. Dieser teilte ihnen dazu mit, dass diese Leute ohnehin nur Jagdzeug (etwa die o. a. Stellnetze) transportieren und gelegentlich den Dienstpflichtigen aus dem Amt Blumenau oder Calenberg mit Vorspann helfen müssten, was zu ihren Dienstpflichten gehöre.[10] Der Hauptpunkt der Beschwerde war jedoch, dass die Langenhagener die Jagdhunde führen und nach der Jagd waschen sollten.

Doch damit nicht genug. Die Bauern im Kirchspiel Langenhagen mussten ihre Pferde nicht nur für die weltliche Obrigkeit anspannen. Sie hatten auch Spanndienste für die Pfarre zu leisten, wie der Superintendent Grupe im März 1766 an das Konsistorium in Hannover schrieb:

Ich communicire unterthänig, was mir der Schulmeister Wöhler zu Brincken selbigen Kirchspiels unterm 5ten Aug. aus einem Intraden-Register* von 1741, welches sich auf der Pfarre gefunden, berichtet hat.
...

---

* Verzeichnis der Einkünfte

---

42 Spanndienste a ½ Tag
Die Gemeinde hat damals aus 103 Seelen bestanden,
wozu vor etl. Jahren 36 Häuser aus der Engelbosteler
Gemeine gelegt worden.
...

unterthänigster Diener
Jh Grupe

Die erwähnten 42 halben Spanntage bedeuteten für jeden Vollmeier im Kirchspiel ein Mal im Jahr mit Wagen und zwei Pferden sechs Stunden für den Pastor arbeiten zu müssen. Ob diese Verpflichtung immer erfüllt wurde, ist aber offen. Der Pastor hatte nämlich die zur Pfarre gehörigen Felder und Wiesen verpachtet, benötigte also keine Feldarbeiten. Allerdings ist aus Dokumenten zum Kirchspiel Engelbostel bekannt, dass die dortigen Bauern den Pastor zu Krankenbesuchen und dergleichen fahren mussten. Wahrscheinlich griff der Pastor in Langenhagen aus derartigen Gründen ebenfalls auf obige Spanndienste zurück.

Wenn man die Belastung durch Spanndienste für Arbeitspferde nebst ihren Besitzern beurteilen will, muss man beachten, ob sie tatsächlich im geforderten Umfang geleistet wurden. Nicht immer forderte die Obrigkeit den gesamten Umfang ab. Außerdem versuchten pfiffige Bauern, sich nach Möglichkeit vor solchen Diensten zu drücken. Damit es einigermaßen gerecht zuging, wurden die Dienste „der Reihe nach" im Ort abgedient. Die jeweiligen Voll- oder Halbmeier kamen vom ersten Hof an der Chaussee (heute: Walsroder Straße) bis zum letzten einer nach dem anderen an die Reihe. Waren diese Dienste abgefordert, begann die Pflicht wieder beim ersten. Auf diese Regelung achteten die Bauern zwar auch selbst, zur Sicherheit sollte der Bauermeister oder der

Ortsvorsteher darüber Buch führen und dem Amt zur Einsicht vorlegen. Dazu folgt ein Beispiel aus Kaltenweide aus dem Jahr 1844. Das umfangreiche Dokument, das die Jahre 1683 – 1849 umgreift, enthält gegen Ende eine Aufzählung der Bauern, die mit Pflichtfuhren rückständig waren. Darunter befand sich am 5. März 1844 der Großköthner Engelke, der nur zwei Pflichtdiensttage von geforderten sechs und zwei Gelddiensttagen abgeleistet hatte. Bei Leistungen an Gelddiensttagen erhielt der Spannpflichtige eine finanzielle Entschädigung. Für die fälligen sechs Pflichtdiensttage pro Jahr gab es dagegen nichts. So wundert es nicht, wenn die besonders angesetzten Gelddiensttage in der Regel durchaus willig erledigt wurden, während man bei den Pflichttagen eher säumig war. Manche Bauern aber weigerten sich inzwischen völlig. Sie wollten ihre Pferde nicht mehr dafür anspannen. Deshalb strengte die Behörde 1848 eine *„Polizeiliche Untersuchung gegen Goltermann zu Kaltenweide und Consorten wegen Verweigerung der Gelddienste"* an. Eine ziemlich sinnlose Maßnahme, denn seit einiger Zeit strebte man die Ablösung aller Spann- und Handdienste an. Deshalb war es nur schlüssig, dass die *Königliche Domanial-Cammer* das Amt 1849 anwies *„die Ableistung dieser Dienste nicht mehr zu begehren"*.[11]

Die Gestaltung der Spanndienste, sei es Erweiterung der Pflichten, sei es deren Reduktion oder gar völlige Abschaffung, zeigte im Verlauf der Geschichte die widerstreitenden Interessen. Für das Fürstentum Calenberg – also auch Langenhagen - gibt es dazu einen wichtigen Rezess des britischen Königs Georg III., der die Belange der Landwirtschaft besonders beachten wollte. Das Dokument belegt auch die privilegierte Stellung der hiesigen Bauern, die immer noch vom Status als Häger profitierten.

Dienstabstellungsrezeß des Amtes Calenberg [gekürzt] vom 4. Januar 1776[12]

"Wir Georg der Dritte, von Gottes Gnaden König von Groß-Britannien, Franckreich [!] und Irrland, Beschützer des Glaubens, Herzog zu Braunschw. und Lüneburg, des Heil. Röm. Reichs Ertz-Schatzmeister und Churfürst, etc. Urkunden, und fügen hiemit zu wißen: wasmaßen in Gefolg Unserer gnädigsten Befehle wegen Aufhebung der Natural-Dienste der Unterthanen in Unsern Teutschen Chur- und Erblanden von Unserer Rentcammer zu Hannover die des Endes erforderliche Untersuchung und Behandlung mit den Dienstpflichtigen in Unserm Amte Calenberg angeordnet, und darauf von denen dazu bevollmächtigten Commissariis mit den Unterthanen des gedachten Amts ein Vergleich und Receß verabredet und geschlossen worden sey, welcher von Wort zu Wort lautet, wie folget:

Zu wissen sey hiemit: wasmaßen der Allerdurchlauchtigste, Großmächtigste Fürst und Herr, Herr Georg der Dritte, König von Großbrittannien, Frankreich und Irrland etc. Unser Allergnädigster König, Churfürst und Herr, zur Aufnahme und Beförderung des Wohlstandes Dero Land und Leute, aus Landesväterlicher Huld und Gnade den Entschluß genommen, und Dero Rentcammer zu erkennen gegeben haben, daß die Unterthanen in Dero Teutschen Chur- und Erblanden von den Herrendiensten, welche dieselben bisher mit der Hand und dem Spanne in natura abzuleisten verpflichtet gewesen sind, für das künftige unter gewissen Einschränk- und Bedingungen frey gelassen werden sollen, und in Gemäßheit dieser höchsten und gnädigsten Willensmeynung Sr. Königl. Majest., von Dero Königl. und Churfürstl. Cammer aus, als dem Amtmann Heinrich Hellmer zu Wülfinghausen, und dem Ober-Commissario Christian Friedrich Gotthard Westfeld zu Osterwald, besonderer Auftrag und Vollmacht ertheilet ist, darüber nach vorgängiger dieser Veränderung halber erforderlicher Untersuchung, mit den dienstpflichtigen Eingeseßenen und Unterthanen des Amts Calenberg eine gewisse Abrede und Vereinbarung zu treffen, darauf auch wir vorbenannte Commissarii mit gedachten Amts Calenbergischen Unterthanen zusammen getreten sind, und mit denselben, für sich, ihre Erben und Nachkommen, wegen Aufhebung der Natural-Dienste, gegenwärtigen Vergleich und Receß auf Dreyßig nach einander folgende Jahre, von dem ersten May des jeztlaufenden 1775sten Jahres anzurechnen, bis und mit den letzten April 1805 mit Vorbehalt Sr. Königl. Majest. allergnädigsten Genehmigung und Bestätigung behandelt und geschlossen haben.

I.

Werden alle, der Allergnädigsten Landesherrschaft Dienstpflichtige Unterthanen des Amts Calenberg von der würklichen Ableistung der schuldigen ordinairen Wochen- Hand- und Spanndienste in der Maaße frey gelassen, daß dieselben nur annoch einige wenige Tage, und zwar

- jeder Vollmeyer, welcher jährlich 104 Spanntage zu dienen schuldig ist, künftig sieben Spanntage;

- jeder Vollmeyer, welcher 52 Spanntage zu dienen schuldig, drey und einen halben, oder ein Jahr drey, das andere vier Spanntage;

- jeder Halbmeyer, welcher 52 Spanntage zu dienen schuldig, drey und einen halben, oder ein Jahr drey, das andere vier Spanntage;

- jeder Halbmeyer und Höfeling, welcher 26 Spanntage zu dienen schuldig, einen und dreyviertel, oder drey Jahre nach einander jährlich zwey, und das vierte Jahr einen Spanntag;

- jeder Höfeling, welcher 13 Spanntage zu dienen schuldig, dreyviertel, oder Drey Jahre nach einander jährlich einen, und das vierte Jahr überall keinen Spanntag; also die Spann-Dienstpflichtige je auf 104 Spanntage, welche dieselben bisher jährlich zu dienen schuldig gewesen sind, für das künftige jährlich Sieben Spanntage:

Ferner

- jeder Großköther, welcher jährlich 104 Handtage zu dienen schuldig ist, künftig Fünf Handtage;
- jeder Köther, Halbköther und Beybauer, welcher 52 Handtage zu dienen schuldig, zwey und einen halben, oder ein Jahr zwey, das andere drey Handtage;
- jeder Halbköther, Beybauer oder Brinksitzer, welcher 26 Handtage zu dienen schuldig, einen und ein viertel, oder drey Jahre nach einander jährlich einen, und das vierte Jahr zwey Handtage;
- also die Hand-Dienstpflichtigen je auf 104 Handtage, welche dieselben bisher jährlich zu dienen schuldig gewesen sind, für das künftige jährlich Fünf Handtage, behuef Herrschaftl. Angelegenheiten und Amts-Bedürfniß auf Erfordern in Natura abzuleisten verbunden bleiben sollen;

Wohingegen, und zur Entschädigung wegen des durch den Abgang der Naturaldienste bey den Herrschaftlichen Cassen und Pachtungen entstehenden mehrern Aufwandes, die Dienstpflichtigen nicht allein das ordinaire in jeder Voigtey hergebrachte Dienstgeld, sondern annoch überdem eine Auflage oder erhöhetes Dienstgeld von 4 mgr. 1 und 3/13 pf. auf jeden Spanntag, und von 3 pf. auf jeden Handtag, mithin

- von 12 Rthl. gr. pf. auf 104 Spanntage
- von 6 Rthl. gr. pf. auf 52 Spanntage
- von 3 Rthl. gr. pf. auf 26 Spanntage
- von 1 Rthl. 18 gr. pf. auf 13 Spanntage

- von 1 Rthl. 3 gr. pf. auf 104 Handtage
- von - Rthl. 19 gr. 4 pf. auf 52 Handtage
- von - Rthl. 9 gr. 6 pf. auf 26 Handtage

nach ihrer Convenienz entweder in guten Cassemäßigen Silbergelde und Goldgulden Herrschaftl. Gepräges, oder in andern auswärtigen, bey den Herrschaftlichen Cassen annehmlichen Goldmün-zen, die ganze Pistole zu Sieben Gulden, die halbe Pistole zu drey und einen halben Gulden, und den Ducaten zu vier Gulden gerechnet, jährlich zu entrichten haben, jedoch soll für diejenigen Tage, welche die Pflichtigen obgedachtermaßen in natura abzuleisten verbunden bleiben, in so fern solche in Herrschaftlichen Angelegenheiten erfordert, und würklich abgedienet sind, sowohl das ordinaire Dienstgeld, als auch die behandelte Auflage zu 4 mgr. 1 1/13 pf. für jeden Spanntag, und 3 pf. für jeden Handtag gut gethan, und an dem gesamten Betrage, der von einem jeden Dienstmanne zu bezahlenden ordinairen und erhöheten Dienst-Gelder abgerechnet, auch statt der Pröven, da selbige bey dieser Veränderung des Dienstwesens nicht in Vorrath gehalten und in natura verabreicht werden mögen, für jeden Spanntag 4 pf. und für jeden Handtag 2 pf. baar bezahlet, hergegen wegen obgedachter reservirten Diensttage, wenn selbige in natura nicht erfordert und abgeleistet seyn solten, an dem ordinairen und erhöheten Dienstgelde kein Abzug zugestanden werden. [...]

Die gute Nachricht soll hier zuerst betrachtet werden. Vertreter der Landesherrschaft traten nicht nur in Dialog mit den Betroffenen, sie reduzierten auch die für deren Wirtschaft absolut schädlichen Spann- und Handdienste auf einen Bruchteil der bisherigen Leistungen, die „in natura" – also mit Pferd und Wagen bzw. mit eigener Hand – zu erbringen waren. Für Langenhagen gab es keinen Fortschritt, weil man hier ohnehin nur an 6 Tagen dienen musste. Die erwähnte Erleichterung war jedoch mit einer ziemlich schlechten Nachricht verbunden. Was nicht mehr durch reale Dienste geleistet wurde, sollte zukünftig durch Zahlungen beglichen werden. Die beabsichtigte Ablösung der Spanndienste bedeutete also keineswegs einfache Befreiung. Im Gegenteil: die bisherige Arbeitsleistung wurde durch Geldzahlung *„abgelöst"*. Damit Untertanen, die schon in früheren Jahren Dienste durch Geldzahlungen ablösen durften, nicht zu fröhlich wurden, legte man ihnen sogar erhöhte Zahlungen auf. Die schöne Begründung dafür: *„… wegen des durch den Abgang der Naturaldienste bey den Herrschaftlichen Cassen und Pachtungen entstehenden mehrern Aufwandes, …"*. Der Vollmeier, der bisher 104 Spanntage mit Pferd und zu Wagen zu dienen hatte, sollte 12 Reichstaler bezahlen, von denen er sich gewiss ungern trennte. Außerdem verblieben noch sieben Tage für Arbeitsleitungen. Die angeführte Dienstverpflichtung war mit 104 Tagen ungewöhnlich belastend. Bei 365 Tagen im Jahr, von denen noch die kirchlichen Fest- und Feiertage abzuziehen wären, verbleiben dem Bauern nur 2/3 seiner Arbeitszeit, die er seiner eigenen Wirtschaft widmen konnte, während der Gutsherr etwa 1/3 beanspruchen konnte. Auch für diesen war der Anspruch auf Dienste nicht nur positiv. Die Dienstpflichtigen gingen nun mal mit Pferd, Wagen und ihrer eigenen Arbeitskraft keineswegs frohgemut an die Arbeit. Deshalb war schon früh bekannt, dass die Dienste nicht besonders wirtschaftlich erledigt wurden.[13]

Für Langenhagen muss man Folgendes bemerken: die hiesigen Bauern hatten seit der Gründung des Orts unter dem Hägerrecht keinen Gutsherrn. Sie mussten direkt dem oft fernen Landesherrn dienen. In der Regel wurden die Leistungen vom zuständigen Amtsvogt oder Amtmann beansprucht. Man darf getrost unterstellen, dass es den Bauern ziemlich egal war, für wen sie fahren mussten, wenn es nur nicht zu oft verlangt wurde. An zweiter Stelle war es ihnen angenehm, wenn das Ziel der Fahrt nicht zu weit vom Dorf abläge. Deshalb schätzten sie eine Fahrt zum Gerichtsschulzenamt in Hannover über die Vahrenwalder Heide - wenn sie auch am dortigen Galgen vorbeiführte - sicher mehr als die 1634 verfügten Reisen zum Feldlager bei Hildesheim. Dass der Fürst diesen Aspekt durchaus beachtete, belegt der o. a. Auszug aus der Erbverzeichnis: die Langenhagener mussten Bauholz aus dem Lauenwald nur einen Teil der Strecke zur Festung Calenberg befördern. Bei der Goseriede vor Hannover oder in Hainholz war Schluss. In Friedenszeiten galten für die Leute aus Langenhagen ebenfalls seit alters her wesentlich weniger Diensttage, wie schon Amtsschreiber Wyneken verzeichnet hatte. Sie mussten nicht zwei Tage in der Woche fronen, sondern hatten jährlich meist weniger als ein Dutzend Tage im Dienst. Sie waren in dieser Hinsicht deutlich besser gestellt als der Durchschnitt der Bauern im Fürstentum Calenberg.

Mit obigem Rezess Georgs III. wurde eine Entwicklung eingeleitet, die dazu führen musste, dass die alten, lehnsrechtlichen Verbindlichkeiten der Untertanen gegenüber ihrer Herrschaft durch andere Leistungen – Steuern – ersetzt und sukzessive aufgehoben wurden. Eine Folge dieser Entwicklung ist in der *„Akte betreffs der Ablösung der Herrendienstpflicht der zu den Kirchspielen Langenhagen und Bothfeld gehörenden Ortschaften Langenhagen, Langenforth, Brink, Krähenwinkel, Kaltenweide, Altenhorst, Hainhaus, Maspe, Twenge, Wagenzelle und Bothfeld, Groß- und Klein Buchholz, Lahe aus den Jahren 1841 – 1845"*[14] nachzulesen. Diese Herrendienstpflicht betraf in der Hauptsache den Transport von Torf aus dem *„Herrschaftlichen Moor"* im heutigen Bissendorfer Moor zum Schloss nach Herrenhausen. Warum man auch dort mit Torf heizte, hängt mit der Entwaldung unserer Gegend zusammen. Schon im 16. Jahrhundert wurde über die Verwüstung des Lauenwaldes bei Langenhagen geklagt. Damals sollten die Leute, statt grünes oder fruchtbringendes Holz[*] zu fällen, doch lieber Torf aus dem Moore holen. Im 18. Jahrhundert nutzte man Torf auch in der Bewirtschaftung des Herrenhäuser Schlosses und der zugehörigen Liegenschaften, denn Brennholz war Mangelware und teuer. Doch zurück zu dem Einsatz der Pferde.

„Ordinaire und extraordinaire" Torffuhren

Die Königlich Hannoversche Domänen-Kammer befasste sich bereits vor dem Jahr 1848, in dem *„Goltermann und Consorten"* auffällig geworden waren, mit dem Ende der althergebrachten Dienstpflichten. Sie beauftragte mit Schreiben vom 10. April 1841 das Amt Langenhagen mit:

„ ... hinsichtlich der ordinairen, d. h. durch die Cammer-Verfügung vom 26. April 1656 festgesetzten Herrendienste eine Berechnung ähnlicher Art, wie solche, in betr. der zur Ablösung beauftragten Commission Herrendienste von uns gefordert, ist für die vorgenannten Beyspiele vorzuschlagen, aber hinsichtlich der s. g. extraordinairen behufs des Moorbetriebs bisher geforderten und geleisteten Dienste anzugeben, ob, und welchen Nachtheil die o. g. Herrschaft überall zu besorgen habe, wenn jene Dienste aufgegeben würden.

Da nämlich für den Handdienst 4 ggl 2 Pf für den Transport aber von 1000 Soden nach Hannover resp. 9 ggl 2 Pf und 7 ggl 7 Pf Cour. gezahlet, und somit für eine Fuhre mindestens 18 ggl 4 Pf und

---

[*] Eicheln wegen der Schweinemast

15 ggl 2 Pf verdient werden, so wünschen wir, weil die Ablösbarkeit jener Dienste, wenn sie als solche auch geltend gemacht werden können, doch an sich zuläßig bleibt, zunächst zu erfahren, ob nicht sie in Verding gegeben werden sollten, dafür ebenfalls zu haben sein mögten, und würden wir dafür in diesem Falle die Frage, ob jene Dienste als Pflichtdienste in Anspruch zu nehmen sind, vielleicht umgehen können.

Vorveranlaßen demnach das Amt nach vorgängiger sorgfältiger Untersuchung der Sache, insbesondere nach Vernehmung der betr. Moorvoigte eine Vergleichung des Zeitaufwandes uns vorzulegen, der behuf des Stechens, Einsammelns und Transports der durch die s. g. etraordinairen Dienste hier nach Hannover gelieferten Törfe bisher verwendet ist, und der künftig, wenn dieselben Arbeiten in verding gegeben würden, jedenfalls würde aufgewendet werden müßen.

Hannover den 10. April 1841

Königlich Hannoversche Domainen-Cammer

Zur Erinnerung: Torf musste auf sechs Tage begrenzt im „ordinairen Dienst" gefahren werden. Wenn die Obrigkeit mehr Fuhren verlangte, hatte sie dafür zu bezahlen. Die dafür festgelegte Gebühr veranlasste einige Bauern, solche Fuhren gern zu übernehmen. Der Torf wurde als Brennstoff überwiegend im Winter transportiert. In dieser Jahreszeit standen die Pferde nicht unbedingt ausgelastet im Stall oder tummelten sich futtersuchend auf der Weide. Da konnten sie ihren Hafer gern selbst verdienen, indem sie den Torfwagen zogen. Damit verbundene Ausgaben gefielen wiederum den königlichen Beamten nicht. Deshalb kam immer mal wieder die Überlegung zum Vorschein, ob man diese teuren „extraordinairen Dienste" nicht einfach zur Pflicht erklären könne. Das gelang freilich nicht. Die Untertanen ließen sich solche Neuerung einfach nicht gefallen. Außerdem kam die Einsicht zunehmend auf, dass Spann- und Handdienste für beide Seiten höchst unwirtschaftlich wären. Die Dienste wurden schließlich gegen Zahlung einer nicht ganz kleinen Geldsumme vollkommen abgelöst. Am Ende wurden die Bauern vollständig von den Dienstpflichten befreit. Im nachfolgend dargestellten Rezess findet man, welche Summen für den einzelnen und für die ganze Gemeinde in Bezug auf das *„Herrschaftliche Torfmoor"* zusammenkamen.

Ablösungs-Rezeß Langenhagen

			á	*Ablösungssumme*
a)	*572*	*Spanndiensttage*	*9 Rth 9 ggr*	*5362 Rth 12 ggr*
b)	*798*	*Handdiensttage behufs Torfstechung und Torfschiebung*	*2 Rth 8 ggr 3 Pf*	*1870 Rth 7 ggr 6 Pf*
c)	*668*	*Handdienste zu sonstigen Arbeiten*	*2 Rth 12 ggr 5. Pf*	*1861 Rth 9 ggr 4 Pf*
		Summe		*8914 Rth 9 ggr 10 Pf*

achttausend neunhundert und vierzehn Thaler neun Gutegroschen und zehn Pfennig Courant
Ablösungs=Capital, zahlbar in folgenden Raten:

1. Mai 1846 3547 Rth   20 ggr   4 Pf
1. Mai 1847 1073 Rth   15 ggr   1 Pf
1. Mai 1848 1073 Rth   15 ggr   1 Pf
1. Mai 1849 1073 Rth   4 ggr   2 Pf
1. Mai 1850 1073 Rth   4 ggr   2 Pf
1. Mai 1851 1073 Rth   23 ggr   - Pf

Abzulösen sind:

Für		Wert	Capital
Vollmeier	*6 Spanndienste 3 Handdienste*	*9 Rth 9 ggr 2 Rth 12 ggr 9 Pf*	*63 Rth 6 gg 9 Pf**
Großköthner	*2 Spanndienste 3 Handdienste*		
Kleinköthner	*2 Spanndienste 3 Handdienste 6 sonstige Dienste*		
Brinksitzer	*2 Spanndienste 3 Handdienste 4 sonstige Dienste*		

Da kamen von 1846 bis 1851 beträchtliche Forderungen auf die Bauern zu, die ein Vollmeier durch jährlich rund sechseinhalb Reichstaler beglich. Wenn er diese Ausgabe durch Torffuhren wieder einnehmen wollte, für die die königliche Verwaltung gewöhnlich 18 Gutegroschen zahlte, hätte er neun Fahrten von der Torfscheuer bei Kaltenweide nach Herrenhausen übernehmen müssen. Das waren zwar drei Fahrten mehr als bisher, aber dafür war nach sechs Jahren Schluss mit jeglicher Verpflichtung. Als Fußnote hierzu kann man noch bedenken, dass die Zeit der Torfheizung für Wohnungen des Hofstaats oder zur Befeuerung der Ziegelöfen in Herrenhausen eigentlich schon vorbei war. Die Zeit der Kohle als Brennstoff war längst angebrochen. Ab 1857 wurde mit dem Bau des Klosterstollens im Deister der dortige Abbau kräftig voran getrieben.

---

[*] Der errechnete Wert ist falsch, 62 Rth 5 ggr 9 Pf wären richtig

Militärpferde

Handel mit Militärpferden war einerseits das herausragende Tätigkeitsfeld der wichtigeren Pferdehändler in Langenhagen. Sie wickelten gelegentlich erstaunliche Aufträge ab. So plante der Rosshändler Eicke Ende des 18. Jahrhunderts ein Geschäft mit Frankreich, das 25.000 Remonten umfassen sollte. In anderen Fällen ging es ebenso um viele Pferde und für die damalige Zeit und das Dorf Langenhagen riesige Geldsummen. Näheres ist im ersten Band beschrieben.

Andererseits waren Militärpferde eine große Belastung für die Bauern in den Dörfern des Amtes, weil sie diese Pferde bei Einquartierungen oder im Kriegsfall mit Stall und Futter versorgen mussten. Natürlich fielen ihnen die dazu gehörigen Reiter ebenfalls zur Last. Deshalb suchten sie sich immer wieder gegen diese Einquartierungen zu wehren oder sie wenigstens zu erleichtern. Entsprechende Bittbriefe sind bis heute überliefert. Auffallend viele Briefe dieser Art sind aus der Zeit des Dreißigjährigen Krieges erhalten. Damals war die Not bekanntermaßen besonders groß.

Untertanen der Voigtey Langenhagen supplicieren, daß die Artillerie-Pferde von ihnen genommen und sie mit der extraordinairen contribution verschont werden mögen[15]

Resolution

Auf die von den sembtlichen Einwohnern der Voigtey Langenhagen übergebenen supplication wirdt nach abgestatteter Untersuchung Relation, dieselbe hiemit zur resolution ertheilt, das Ser[mi] Ill[mi] sich gnedig ercleret, das forderlichster gestaldt zu machen, daß die angedeutete fünff artollerie pferde bey S. F. D. Ämbtern anderwärts vertheilet und unterpracht werden sollen. So soll auch demnechsten der für die Pferde und waß sonsten dabey aufgewendet angegebenen 466 Thlr halber, undt welchergestaldt auch vorhero dieselbige erstattet werden sollen, gehörende Verordnung ertheilen.

Desgleichen ist allbereits so viel die contribution betrifft, commissio auff gewisse persohnen

ertheilet, so erstes Tages herauß ziehen, solchen
punct, so viel möglich ein gantzen Fürsten-
thumb zu billiger Gleichheit bringen undt da-
runter zwischen Deister undt Leine bey der
Voigtey Langenhagen den Anfang machen wer-
den. Decretum in consilio Hildesheimb den 30ten
9bris Ao 1639

L. S.   Chf. Bwg.-Lünebg Cantzler und Räthe
des Fürstenthumb Calenberg

Johann Stucke
mpp

In diesem Fall war der zu hohen Ämtern aufgestiegene Sohn des Hachmeisters in Langenhagen seinen ehemaligen Mitbürgern behilflich. Sonst gestaltete sich deren Verhältnis nicht immer zum Besten, was unter anderem der großen Not in dieser Zeit geschuldet war.[1]

Bei der Entwicklung eines stehenden Heeres nach dem Dreißigjährigen Krieg (u. a. Reglement von 1680) wurden die Kavallerieregimenter dem Land bzw. den dortigen Dörfern zugeordnet. Die Kosten eines Reiters nebst seinem Kavalleriepferd wurden [um 1750] mit 175 Reichstalern jährlich angesetzt. (L. v. Sichart, Geschichte der Königlich-Hannoverschen Armee, 1870/71). Diese Summe entsprach etwa dem Einkommen aus einem großen Vollmeierhof. Der gewöhnliche Soldat wurde mit 20 Rtl taxiert.[16] Wir haben somit wieder einen Beleg dafür, wie teuer die Unterhaltung der Pferde war.

---

[1] Die Langenhagener Bauern wollten nicht leiden, dass der Stuckesche Hof damals abgaben- und steuerfrei sein sollte, denn dadurch mussten sie selber mehr Geld dafür aufbringen. Das tat weh.

Die 1829 in München veröffentlichte „Beschreibung des Königreichs Hannover" des Herrn H. D. A. Sonne meldet dazu:

findet seit dem dreißigjährigen Kriege eine Verpflegung der Kavallerie in natura statt, welche von den Pflichtigen geleistet wird. Jedes Kavallerieregiment erhält einen festen Quartierstand; die Kriegskanzlei bestimmt für jedes Amt oder Bezirk die Quartierportionen. Jedes Quartier muß liefern eine trockne Kammer mit Bett und den nöthigen Mobilien; Stall und Raum für Sattelzeug; Platz in der Wirthsstube und Speisung an dem Tische des Wirthes nach einer freiwilligen Vereinbarung, oder der Einquartierte kocht sich sein Essen an des Wirths Feuer und der Wirth gibt dazu Salz, Pfeffer und Essig. Der Wirth liefert ferner Rauhfutter mit 10 Pfund Heu, 5 Pf. Stroh und das Streustroh, wogegen der Wirth den Dünger behält. Alle nicht in na-

Der „Rapport der hannovrischen Trouppen de Anno 1767" nennt das Amt Langenhagen als Garnison von Einheiten des Leib-Garde-Regiments. 1773 wird das Amt als Portionsbezirk (Quartiergarnison) für Soldaten des Leichten Dragoner-Regiments der Königin Majestät ausgewiesen.

Wie von Herrn Sonne beschrieben, mussten die Bauern nach Maßgabe der Bewertung ihrer Höfe als Voll- oder Halbmeier, Groß- oder Kleinkötner sowie Brinksitzer Pferd und Reiter aufnehmen, versorgen oder wenigstens dazu beitragen. „Auf diese Weise hatte Hannover zu dem außergewöhnlich billigen Preis von 72 Talern pro Mann jährlich eine hervorragende Kavallerie erreicht. Die zwei leichten Dragonerregimenter wurden im ersten Koalitionskrieg 1793 als die besten Kavallerieeinheiten der alliierten Armee betrachtet. Das natürliche Einquartierungssystem hatte den weiteren Vorteil, daß der Kontakt zwischen der Kavallerie und den reichen Bauern von Hannover gefördert wurde; denn die Bauernklasse lieferte der

Kavallerie die meisten ihrer Rekruten. Es war einfacher für den Bauern, die Kavallerie mit Naturalleistungen als mit Bargeld zu versorgen, und er verließ sich traditionsgemäß darauf, daß der Kavallerist Arbeit auf seinem Hof verrichte. Die Provinzial-regierung zu Hannover ging sogar so weit zu behaupten, daß das Errichten von Kavallerie-kasernen den Kavalleristen dem Land entfremden würde."[17]

Wie wir gleich sehen werden, sahen die Bauern diese Belastung nicht ganz so. Erstens wurden die Rekruten in den ersten 18 Monaten gedrillt und konnten daher nicht auf dem Hof arbeiten, zweitens wurden sie danach vom 1. April bis 16. Juni zu Manövern herangezogen und kavalleristisch ausgebildet. Außerdem wurde ein Teil der Truppe – in Langenhagen waren es die leichten Dragoner – anschließend beurlaubt und ging zurück auf den heimischen Bauernhof, während nur ein Drittel weiter im Quartier blieb und dort während der Ernte mithelfen konnte. Der o. g. günstige Preis konnte nur dadurch erreicht werden, dass der Soldat und sein Pferd auf dem Hof mitversorgt wurden. Der einquartierte Dragoner mochte ja etwas arbeiten. Ob sein Pferd allerdings mit angespannt werden durfte, wurde in den Quellen nicht aufgezeichnet. Es ist keineswegs mit allgemeiner Zufriedenheit der belasteten Bauern zu rechnen.

Es verwundert daher nicht, wenn immer wieder Beschwerden in Bittbriefen vorgetragen wurden. So in dem Fall der Gemeinde Brink aus dem Jahr 1729. Die größeren Bauern – Halbmeier und Großkötner - gingen gegen die dortigen Kleinkötner und Brinksitzer vor, weil diese weniger Einquartierungsgelder zahlen wollten. Der seinerzeitige Ortsvorsteher Hans Eycke (Eicke – ein Name dem man in Pferdeangelegenheiten Langenhagens häufiger findet) wandte sich deswegen an das im 16. Jahrhundert eingerichtete Hofgericht. Es war eigentlich Angelegenheiten des Adels, der Lehnsleute und fürstlichen Beamten vorbehalten. Das Gericht befasste sich allerdings auch mit Beschwerden in zweiter Instanz. Ohne fachkundigen juristischen Beistand bestand in einem derartigen Fall wenig Hoffnung. Eicke zog daher den zugelassenen Advokaten Stisser hinzu, der die Schriftsätze in der damals üblichen gewundenen Sprache der Juristen verfasste. Die nachfolgend teilweise wiedergegebenen Dokumente verwundern heutige Leser gewiss:

„Königl. Groß=Britannische zum Churfürstl. Braunschweigisch=Lüneburgischem Hofgerichte Hochverordnete Herrn Räthe und Assessores

Hochwohl- und Hochedelgebohrene Hochgeneigte Herren,

Ewl. Hochwohl- und Hochedelgebohrene wollen Ihnen gehorsahmst vortragen zu laßen Hochgeneigt geruhen, wesgestalt von der Bauerschaft in Brincke zum Langenhagen bestehend in

10 Halbmeyer

5 Großköter

16 Kleinköter

4 Brinksitzer

welche insgesamt den Monath- oder sonst genannten Fourage=Geldern monatlich 20 Thlr zu entrichten, dieser letztere Betrag als die 16 Kleinköter und 4 Brinksitzer sonst immer den dritten Theil entrichten müßen.

Die Einquartierung belangend, da die gantze Bauerschaft gehalten wird 8 Reuter inne zu haben, den dritten Theil der letzgedachten auch zu übernehmen schuldig, alß nun sie sich aber zur Schmälerung des Landesherrl. Intereße und den ersteren zur Last entziehen und nur den vierten Theil geben wollen, worauf … die Halbmeyer und Großköter genötiget, solches dem Königl. Amt gehörig anzuzeigen, da dann auch weyland Amts=Voigt daselbst Hr. Daniel Stapel Anno 1727 ihnen injungieret, daß sie nach wie vor von jeden praestandis den dritten Theil zu entrichten und einen gantzen Reuter das Jahr durch zusammen und den anderen sechs Monath zu halten, welches die darüber gehaltenen gerichtlichen Protocolle noch mit anderem ergeben werden. Deßen allen ohngeachtet aber verlangen sie von anderen, ihre Schuldigkeit wie vorhin, sich zu weigern, wollen wieder pflichtbrüchig werden und nur den vierten theil von vorgedachten praestandis, dazu unterstehen sie sich drittens:

Mehr Vieh auf die gemeine Weide zu treiben, als die Halb=Meyer und Groß=Kötner, da doch nach proportion solche das meiste daselbst zu weiden berechtiget und handeln folglich hierin dem 29 ^{ten} § des Gandersheimschen Land-Tags-Abschied gäntzlich zuwieder, als worinn ausdrücklich versehen und geordnet

> „Damit die Meyer in desto beßerem Stande bleiben, und also Zinß und Dienste desto richtiger entrichten mögen, so sollen die Köter allein zwey Pferde auf gemeine Weyde treiben pp..."

Worauß zu inferieren, daß die Kötner nach Proportion, damit den Meyern nicht zur Last gereiche, Vieh auf die commune Weide zu hüten. Als nun dennoch die gedachten 16 Klein=Kötner und 4 Brincksitzer in vorgenannten Puncten bey der Verweigerung ihrer Pflichten beharren, und die Halb=Meyer und Groß=Kötner ob sie gleich desfals beim Königl. Amt wiederum Anschuldigung gethan, keinen Schutz sondern nur von derzeitigem Herrn Amts=Voigt den Ausspruch „daß er sie nicht zwingen könne," erhalten mögen, ich aber als Vorsteher der Gemeinde, weil das Herrschaftliche Intereße hauptsächlich darunter leidet, maßen wir dadurch in Stand gesetzt werden, daß wir die pflichtigen Dienste wie vorhin so richtig nicht mehr leisten können, absonderlich meines dahin geleisteten Eydes mit angesehen solches an Hochwohl- und Hochedelgeb., als denen hierüber die völlige Jurisdiction mit competieret, anzuzeigen und dero Hülfe desfals zu implorieren mich genötiget finde, wodurch aber in keine

Weitläufigkeit mit Gegentheilen mich einzulaßen gewillet bin, daher deswegen aufs gewöhnlichste protestiere.

Demnach ergehet an Ew. Hochwohl- und Hochedelgeb. eine unterthänigste Suche und Bitte, Sie wollen die allergehorsamste Verteidigung ergehen zu laßen geruhen, daß die imploranten, gleich wie wir, den zweyten Theil der Monaths=Gelder pflichtgemäß abtragen und von vieren zwey Reuter das gantze Jahr, und einen das halbe Jahr hindurch herbergen, sie auch den dritten Theil der Fourge=Gulden als sieben Thlr von den Reutern einen das gantze Jahr und einen das halbe – wie ihnen oblieget Quartier geben – und nach der Gleichheit Vieh auf die gemeinschaftliche Weide treiben – auch den bisher verursachten Schaden und wegen der Klage gemachten Unkosten erstatten. Worüber das Hochmildreiche Herl. Amt nochmals gebührend imploriert.

Hanß Eycke
Conc
M. Stisser
14ten März 1729 in duple   *adv. ord.*[18]

Wir bemerken hier zunächst einen klassischen, komplexen Streit unter Nachbarn, bei dem es im Kern darum ging, wer mehr von den zu verteilenden Lasten tragen musste und wer mehr aus dem gemeinsamen Besitz erhielt. Im Fall der Lasten ging es um die Kosten für acht berittene Soldaten, die sowohl die Einquartierung der Männer wie die Fütterung ihrer Pferde betrafen. Bei monatlich fälligen 20 Talern handelte es sich keineswegs um einen geringen Betrag, denn ein Schulmeister hatte damals ein Jahreseinkommen von etwa 30 – 40 Talern. Im Fall des Nutzens aus gemeinsamem Besitz ging es – wieder mal – um die Weiderechte auf der gemeinen Weide. Hinzu kam ein weiterer Aspekt. Der Ortsvorsteher wollte sich wegen der Untätigkeit des Amtsvogts Ernst Carl Reich in dieser Sache beschweren und diesen zu amtlicher Klärung veranlassen. In dieser Hinsicht hatte er grundsätzlich Erfolg, denn die amtliche Akte enthält folgende Schriftstücke dazu:

- Note an den Amtsvogt Reich(en) vom „Ministerii Justi, den 21ten Martii 1729"
- Mit Reskript vom 21 März 1729 wurde Amtsvogt Reich aufgefordert, für Recht zu sorgen und der Beschwerde abzuhelfen.

Allerdings war der Erfolg nur auf Papier verzeichnet, denn drei Wochen später folgte ein weiteres Schreiben des Ortsvorstehers Eicke: „ *Es sind aber bis dato gedachte Suplicanten zu ihrer Schuldigkeit nicht angehalten worden.* "

Der weitere Text verdeutlicht: der Ortsvorsteher will die Einquartierung nicht abschaffen, es geht ihm vielmehr um den Anteil der Kosten, den die kleinen Bauern zu übernehmen haben. Sie sollen weiterhin ein Drittel der Kosten tragen:

„Im ganzen Amte gehen vier Klein=Köter auf einen Meyer, in unserer Bauerschaft aber wollen sie Minderungen machen und sogar ihrer Zehn nur so viel leisten. Nach der Calenberger Verordnung haben die Klein=Köter und Brincksitzer gar keine Pferde frey auf der gemeinen Weide. In unserem Brincke hingegen treiben solche drey Pferde mehr auf die Hut als wir. "

„Sie wollen ein Drittel Proviant=Korn Geldes á 8 Fl durchaus nicht ausgeben, sondern nur den vierten Theil.

Dieses alles habe beim Königl. Amte angezeiget, es ist aber darauf nicht reflektiert worden. Im gegentheil, Letzhin nachdem der Proviant=Verwalter Hübener aus Hannover ans Amt geschrieben, daß die Dorfschaft Brinck 21 Fl 9 mgl 6 Pf an Proviant=Korn Gelde von verwichenem Michaelis noch restiere, von dem Schreiber ......sen, der hierin sich des Amts=Voigts auctoritaet angemaßet, ein Zettel d.

4. Octobr. v. a. mit seines Nahmen Unterschrift als es mit Nr. 4
bemerket originaliter hierbey geleget, an mich abgesandt, und von ihm
als quasi judice mir befohlen worden, angeregte Gelder zu schaffen.
Welchem sogleich doch nicht pariret werden mögen. Dem endlich die
Anl. 5 ein von dem Hr. Amts=Voigt den 6. Octbr mit eigener
Hand geschrieben und an Zerrey Ausschuße gerichteter Zettel gefolget,
daß dieselben die noch rückständigen Proviant-Gelder von mir eintrei-
ben sollten. Da ich doch gedachten Rest nicht allein schuldig sindern
Klein=Köter und Brincksitzer, welche fast mehr einzukommen als die
Meyer auch ihren Drittel Pflicht= Theil eben beyzutragen [haben], so
sie aber auf meine Anforderung nicht thun wollen, ob sie gleich im
Stande sind solches zu praestieren. Daher dieselben von der Obrigkeit
dazu anzuhalten, wohin adducti adducendis unseren Amts=Voigt
wiederholte gehörige Vorstellungen gethan, ich habe aber mit der einen
so wenig ausgerichtet als mit der anderen, und steht mir allein die
execution der abzutragenden Pflichten noch bevor.
Demnach muß ich Hochobrigkeitliche Hülfe suchen und nehme also
wiederum zu Ewgl. Hochwohl- und Hochedelgeb. meine demütige
Zuflucht, dieselben wiederholter und zwar dahin bittend, Sie wollen
die vorgebrachte Sache in ihren Dicastorio entscheiden. Mit ... doie
nachdrückliche Verfügung ertheilen, daß Supplicanten sofort die
praestandia u nd zwar jederzeit davon ein Drittel ungesäumt praestie-
ren – von den Reutern einen gantzen und einen ein halb Jahr Quar-
tier zu geben, wie ihnen denn oblieget und nach proportion ihr Vieh
auf die gemeine Weide treiben. Annebst uns allen causierten Schaden
und wegen dieser Klage verursachten Unkosten restituieren. Worüber
wiederholter das Hochmildreiche Amt impl.

Hans Eicke   conc   M. Stisser

Amtsvogt Reiche reagierte jedoch nur mit der brieflichen Auf-
forderung, die ausstehenden Gelder für die Dragoner

„beyzubringen, Langenhagen 23. April 1729 EC Reiche". Er blieb allerdings nicht mehr lange im Amt, denn im gleichen Jahr folgte ihm Georg Ludewig von Meding (Amtmann von 1729 – 1742). Da Unterlagen fehlen, wissen wir nicht, ob die Brinker sich irgendwann geeinigt haben. Es bleibt festzuhalten: Pferde waren und blieben ein teures Gut, besonders dann, wenn man für sie bezahlen musste, ohne etwas davon zu haben. So sahen das jedenfalls die Bauern, denn die Landesverteidigung war ihnen kein Herzensanliegen. Dazu führte erst der sich später entwickelnde Nationalismus, etwa im Zuge der Befreiungskriege. Für die Langenhagener Pferdehändler bedeutete Landesverteidigung nur dann ein gutes Geschäft, wenn sie für die nötigen Remonten sorgen konnten.

In Kurhannover wurde einiges Geld für die Kavallerie aufgewendet.[19] In seinem Schreiben aus London, St. James, vom 5. Februar 1773 verfügte Georg III., dass die Remontierung der hannoverschen Kavallerie sukzessive im Lauf von fünf Jahren erfolgen sollte. Dazu wurden im ersten Jahr 24.524 Reichstaler und 19 Groschen an Remontierungsgeldern und 9.326 Reichstaler Unterhaltungsgelder bewilligt. Wenig später, am 8. Juni 1773, machte König Georg seinem Spitznamen „Farmer George" alle Ehre. Er verfügte, dass die nächste Remontierung von 3 Pferden je Kompanie im Herbst vorzunehmen sei, da im Herbst Remonten leichter zu beschaffen wären. Der König befasste sich demnach auch mit derartigen Details. Die geplante Remontierung von drei Pferden je Kompanie ist allerdings nicht sehr beeindruckend. In den veranschlagten fünf Jahren kämen nur 15 Pferde hinzu. Aber die schlechte Kassenlage stand größeren Anschaffungen entgegen. Jedenfalls belegen die Akten umfangreiche Überlegungen zur Finanzierung der Remontierung. Als Beispiel mag folgender Aktenauszug dienen: am 2. Nov. 1773 verfügte Georgs III. Maßnahmen zur Beschaffung der Gelder, u. a. forderte er die Calenberg-Grubenhagensche Landschaft auf, Rückstände aus dem letzten Kriege[2] jetzt zu begleichen.

Zu einem weiteren finanziellen Vorschlag des Königs meldete das hannoversche Kriegsministerium: *„Ein brauchbarer Überschuss wird nicht eintreten, da die Fouragekosten bei dem gestiegenen Haferpreis diesen aufzehren. Das Kommissbrot wurde billiger, bei den jetzigen Kornpreisen* [Korn = Roggen] *wären Überschüsse von 8 – 9.000 Reichstalern zu erwarten.“*

Im folgenden Jahrhundert kaufte das Militär weiterhin Pferde zur Remontierung der Armee und die Ausgaben dafür stiegen von Jahr zu Jahr. Die 1838 im Königreich Hannover installierte Remonte-Ankaufs-Kommission unter Leitung des Rittmeisters William Adolph von Hassell nahm die Ankäufe bis zum Ende des Königreichs 1866 vor. Der Zwischenhandel wurde nun vollkommen ausgeschaltet. Die Pferde wurden direkt bei den Züchtern gekauft. Das brachte naturgemäß auch den ehemals großartigen Langenhagener Pferdehandel herunter. Die Zahl der 1857 im Königreich vorhandenen Militärpferde kann allerdings nicht beeindrucken:

	Jahrgang 1853	1852 - 1847	1846 und früher
Hengste	1	2	2
Wallache	94	820	487
Stuten	93	1061	683
Summe	188	1883	1172

Insgesamt: 3243

In Friedenszeiten wurden Militärpferde zur Kostensenkung an Bauern ausgeliehen, so auch in Langenhagen. Die durchnum-

---

[2] Der Siebenjährige Krieg 1756 - 1763

merierte Liste für das Amt Hannover[*] aus dem Jahr 1861 zeigt, dass die Pferde 5 bis 12 Jahre alt und daher bestens brauchbar waren:

Krähenwinkel

341	Vollmeier Rust	1 Wallach
342	Vollmeier Völker	1 Stute

Langenforth

356	Halbmeier Rogge	1 Wallach
357	Brinksitzer Borchling	1 Stute

Langenhagen (Kircher B.)

358	Hauptmann v. Bothmer	1 Stute
359/60	Vollmeier Raven	1 Wallach, 1 Stute
361	Vorsteher Groers	1 Stute
362	Großkötner Bendix	1 Wallach
363	Kleinkötner Rust	1 Stute
364	Vollmeier Parl	1 Stute

In der Provinz Hannover unter preußischer Herrschaft wurde der Ankauf wie im Königreich Hannover geregelt. Ankaufskommissionen reisten durch das Land und ließen sich auf zahlreichen arrangierten Pferdemärkten passende Pferde vorstellen. Geeignete Tiere erwarb man dort direkt. Langenhagen war im Gegensatz zu Hannover, Neustadt oder Nienburg als Marktort nicht dabei. Kurz vor Beginn des ersten Weltkriegs zeigte sich, dass das Militär wesentlich rigider vorgehen konnte, als es im 19. Jahrhundert üblich war. Hier die Konditionen:

---

[*] Ab 1858 ging das Amt Langenhagen im Amt Hannover auf.

Berlin, den 14. Juli 1913[20]

Ankauf volljähriger Truppendienstpferde im Herbst 1913

1. Zum Ankauf von warmblütigen, volljährigen Reit- und Zug-
   pferden sollen im Regierungsbezirk Hannover die nachbe-
   zeichneten öffentlichen Märkte abgehalten werden:
   am 6. September 8 Uhr Hannover (Vahrenwalder Heide)
   am 27. Oktober 8 Uhr   „   „
2. Die Pferde sind in geringerem Umfange für Kavallerie, in
   der Hauptsache für Feldartillerie und Train, zum Teil für
   Maschinengewehr-Kompanien bestimmt.
3. Beim Ankauf werden die Anforderungen zugrunde gelegt,
   die für den Remonteankauf maßgebend sind; mit Rücksicht
   auf die große Zahl der für den sofortigen Truppengebrauch
   erforderlichen Pferde wird allgemein ein scharfer Maßstab
   angelegt werden.
   Zugpferde für Maschinengewehr-Kompanien sind paarweise
   mit 1000 kg Last im tiefen Boden vom Bock vorzuführen,
   müssen in Sielen gehen und dürfen keine Schimmel sein.
   Es werden nur Pferde angekauft im Alter von fünf bis zu
   zehn Jahren und einer Größe von 1,52 bis 1,66 m Stockmaß
   (ohne Eisen gemessen).
   Von diesen Alters- und Größengrenzen wird nicht abgewi-
   chen werden. Pferde, die erst 4 ½ jährig sind oder bei denen
   das Zahnalter Zweifel zulässt, müssen daher zurückgewiesen
   werden. Tragende Stuten sind vom Ankauf ausgeschlossen.
4. Die angekauften Pferde werden sofort abgenommen und
   den Truppenteilen unmittelbar überwiesen. Die Bezahlung
   erfolgt gegen Quittung bar oder mittels Schecks.
5. Pferde mit Mängeln, die gesetzlich den Kauf rückgängig
   machen, sind vom Verkäufer gegen Erstattung des Kauf-
   preises, der Transport und sonstigen Kosten zurückzuneh-
   men, dergleichen solche Pferde, die sich binnen 45 Tagen
   nach dem Ankaufstage als Klopphengste* erweisen und Stu-

---

* Klopphengste wurden durch Zusammenschlagen (Kloppen) der
Hoden oder Samenstränge sehr schmerzhaft kastriert. Das war aber

ten, deren Trächtigkeit nachträglich festgestellt wird. Da dies häufig erst im fortgeschrittenen Stadium möglich sein wird, muß vor dem Verkauf gedeckter Stuten gewarnt werden. Die gesetzliche Gewährfrist wird für periodische Augenentzündung auf 28 Tage, für Kehlkopfpfeifen auf 21 Tage verlängert. Mit Rücksicht auf die durch die Zurücknahme entstehenden Kosten wird dringend empfohlen, die Pferde vor dem Verkauf besonders auf Roarn [Rotz?] eingehend zu untersuchen. Zur Anzeige von dem Mangel ist nicht nur die Kommission, die es gekauft hat, sondern auch jede andere Heeresverwaltung berechtigt, also auch der Truppenteil, dem das Pferd überwiesen ist.

6. Verkäufer, die Pferde vorführen, die ihnen nicht eigentümlich gehören, müssen sich gehörig ausweisen können.

7. Der Verkäufer ist verpflichtet, jedem verkauften Pferd eine neue starke rindlederne Trense mit glattem, starkem, einfach gebrochenen Gebiß und einem neuen Kopfhalfter von Leder oder Hanf mit mindesten 2m langen Stricken unentgeltlich mitzugeben.

8. Die Verkäufer werden ersucht, die Schweife der Pferde nicht übermäßig zu beschneiden und die Schwanzrübe nicht zu verkürzen.

9. Vorstehende Ankaufsbedingungen gelten auch sinngemäß für nicht öffentliche Märkte.

  Kriegsministerium   Remonte Inspektion

  Gez. Haack

In der nächsten Zeit folgten entsprechende Bekanntmachungen: Frühjahr 1914, 9. Juni 1914, 21. November 1914, 6. März 1915. Die Bedingungen wurden kaum geändert, man ließ jedoch im November 1914 anerkannte Händler wieder zu. Der Bedarf an Truppenpferden war in diesem Krieg enorm gestiegen. Allerdings spielte die Kavallerie keine Rolle mehr. Pferde

---

nicht sicher, so dass sie sich später als Hengste mit entsprechenden Manieren zeigen konnten.

wurden hauptsächlich für den Transport von Material und Artillerie benutzt. Dabei kam es zu gewaltigen Verlusten, denn Pferde können nicht in Deckung gehen. Man schätzt, dass etwa 16 Millionen Pferde[21] auf allen Seiten eingesetzt wurden. Die Hälfte, also 8 Millionen, kamen bis zum Kriegsende ums Leben. Auf deutscher Seite ließen fast 70 % der eingesetzten 1,8 Millionen Pferde ihr Leben auf den Schlachtfeldern.

Pferde, die das Inferno überstanden hatten, wurden nach dem Krieg an Bauern oder Gewerbetreibende abgegeben, denen ein Zugpferd besonders nötig war. Damit wurden die Verluste bei denjenigen, deren Pferde man zuvor zum Kriegsdienst eingezogen hatte, selbstverständlich nicht gedeckt:

„Schreiben des Ministers des Inneren vom 17. Juni 1917 an die Oberpräsidenten der Provinzen[22]

Geheim

Es wird geplant, die durch die Demobilmachung verfügbar werdenden arbeitsfähigen Militärpferde nach einem bestimmten Verfahren zu verteilen und zu versteigern. Händler werden dabei ausgeschlossen. Die auszumusternden nicht arbeitsfähigen Pferde sollen ebenfalls öffentlich versteigert werden.

Die Überlegungen zum Verfahren zielen auf eine möglichst gerechte Verteilung der Pferde. Dazu werden durch die Behörden rote Karten an besonders bedürftige Landwirte und Gewerbetreibende verteilt, die ihnen ein Vorkaufsrecht vor den Inhabern weißer Karten einräumen.

Der Bedarf an Arbeitspferden wurde schon vor vorab festgestellt und ist als Liste beigefügt.“

Obgleich schon im Ersten Weltkrieg klar erkennbar wurde, dass Pferde in einem derartigen modernen Krieg nur leiden und verloren gehen konnten, trieb das Deutsche Reich unter dem Nationalsozialismus im Rahmen von Aufrüstung und Kriegsvorbereitung die Zahl der eingesetzten Pferde nochmals nach oben. Raulff nennt 2,7 Millionen, von denen etwa 1,8 Millionen umkamen.

Historisch interessant sind die schon 1935 eingeführten Pferdemusterungen. Alle zwei Jahre sollten dabei kriegstaugliche Pferde erfasst werden, damit man sie im Falle einer Mobilisierung schnell requirieren könnte. Zu Langenhagen sind keine Unterlagen greifbar. Für den Kreis Springe sind sie noch erhalten. 1937 wurden dort 1728 Pferde gemustert und die meisten als tauglich eingestuft. Zu diesem Zeitpunkt konnte die aktive Vorbereitung eines Krieges aus den Unterlagen deutlich abgelesen werden. Außer Pferden musterte und registrierte die Militärverwaltung auch die von diesen gezogenen Wagen für den Einsatz im Krieg. Sie erfasste alle Fahrzeuge vom leichten Jagdwagen bis zum schweren Ackerwagen. Was man allerdings mit den in Eldagsen registrierten 5 Pferdekutschen (Jagdwagen) anfangen wollte, entzieht sich meiner Kenntnis. Der damalige Jagdwagen meines Großvaters steht noch heute auf dem Hof. Seine PKWs und einige Pferde wurden dagegen requiriert.

Mein Vater brachte aus seinem Militärdienst unzählige Erinnerungen mit, die oft mit Pferden zusammenhingen. Seine damaligen Fotografien zeigen die furchtbaren Auswirkungen des Krieges im Ansatz. Die zugehörigen Geschichten begleiteten unsere Kindheit und Jugend. Die Ungeheuerlichkeit eines Krieges prägte sich dabei ein. Auf Seite 71 abgebildete tote Pferde geben einen kleinen Eindruck davon.

Diese Aufnahme aus dem Jahr 1938 zeigt Pferdepflege auf der Stallgasse in Vahrenwald (Dragonerstraße). Mein Vater ist der Zweite von rechts im Vordergrund. Als ländlicher Reiter hatte er natürlich seine Freude am Umgang mit Pferden. Das blieb im Krieg zunächst auch so. Offiziere in der Nachrichtentruppe waren eben viel zu Pferd unterwegs, u. a. weil diese ziemlich geländegängig waren.

Hans-Joachim Jagau auf seiner sehr geliebten Stute „Jettchen" im Frühjahr 1940 bei Dülken. Zu dem Zeitpunkt stand der sogenannte Frankreichfeldzug unmittelbar bevor. Dülken – heute Stadtteil von Viersen – liegt nahe der niederländischen Grenze, über die am 10. Mai der Angriff erfolgte.

Fotos vom Vormarsch in Frankreich

Der Frankreichfeldzug endete mit dem Waffenstillstand vom 25. Juni 1940. Allerdings waren auf dem schnellen Vormarsch bis Paris Zeugen des verlustreichen Ersten Weltkriegs – des Großen Krieges – nicht zu übersehen. Pferde erhielten allerdings keine Denkmale, sie wurden im Krieg als „Material" eingeschätzt, ganz gleich, was der Mensch, der das Tier ritt, pflegte und sicher gern hatte, darüber dachte.

Dieses Bild aus dem Jahr 1942 (in der Nähe von Koblenz) zeigt einige Zugpferde, die vom Sattel aus gelenkt wurden. Diese Pferde waren in besonders hohem Maß gefährdet. Das Bild vom Vormarsch in Frankreich (1940) ist ein Beleg dafür(S.72).

Rückzug 1944 in Galizien, hier waren Pferde wieder gefragt.

Beim Krieg im Osten wurden wegen der schlechten Wegverhältnisse vermehrt Pferde gebraucht, um stecken gebliebene

Motorfahrzeuge aus dem Schlamm zu ziehen. Sogar die Kavallerie wurde 1942 im Kampf gegen bewegliche Partisanenverbände wieder belebt.

Der Bestand der Reichswehr lag 1933 bei 42.000 Pferden und stieg in der Wehrmacht der Vorkriegszeit auf 170.000. Zu Beginn des Polenfeldzugs am 2. September 1939 wuchs der Pferdebestand infolge zusätzlicher Einziehungen auf 573.000. Zwei Jahre später wurden rund 750.000 Pferde für den Krieg gegen die Sowjetunion bereitgestellt. Insgesamt setzte man auf deutscher Seite im Zweiten Weltkrieg rund 2.800.000 Pferde ein.[23] Etwa eine Million überlebte den Krieg. Wie viele davon als Arbeitspferde wieder auf die Höfe zurückkamen, ist unbekannt. Bei uns diente ein Pferd noch einige Jahre, das den Flüchtlingstreck aus Ostpreußen mitgemacht hatte. Der Wallach namens „Buller" – ein ziemlich robustes, kleines „Panjepferd" - konnte nur auf einem Auge sehen und war etwas heikel im Umgang. Neben ihm standen noch zwei Kaltblüter im Stall, sowie Lotte, das Reitpferd meines Vaters.

Wie 1914 – 18 so auch 1939 - 45

Dressur beim Vielseitigkeitsturnier 2016 in Twenge

Sport- und Freizeitpferde

Pferde wurden über äußerst lange Zeit in der Geschichte durch ihre Nutzung als Arbeits- oder Zugpferd oder durch ihren Einsatz in Ritterheeren bzw. in der Kavallerie definiert. Natürlich gab es dabei gelegentlich weniger zweckdienliche Einsätze. Wer würde es Bauernburschen verdenken, die Pferde zur Weide brachten, wenn sie sich - den adeligen Herren gleich - mal auf den Rücken ihrer braven Tiere schwangen. In Langenhagen existierte im 18. Jahrhundert ein dazu passender Brauch, das sogenannte Besen-Rennen. Dies erzürnte allerdings die Obrigkeit und wurde entsprechend in den Akten verzeichnet. Amtmann Wilhelm Ludewig v. Bothmer und sein

Amtsschreiber Carl Gustav Wyneken meldeten deswegen an die Regierung in Hannover:[24]

„Ist sowohl in hiesigen als den benachbarten Ämtern bei Hochzeiten ein sogenanntes Besen Rennen üblich, welches darin besteht:

> *daß der Bräutigam vor seiner Thür außerhalb des Hauses einen mit Bändern gezierten Besen ausstellet, nach welchem die jungen Knechte, welche die Braut zu Fuß oder zu Pferde begleiten, in die Wette rennen oder jagen, derjenige, der diesen Besen zuerst erreichet, bringet solchen der Braut entgegen, bekömmet davor ein Tuch von ihr zum Geschenk, und hat als Brautknecht bey der Hochzeit ein oder andere Vorzüge.*

Unserm geringen Bedünken nach ist dieser Brauch schlimmer als das sogenannte Hämmel Laufen, welches Ew. Excellences mittelst hohen Rescriptes vom 22. dieses verboten, weil nicht nur oftmals die Pferde überjagt werden, sondern auch zumahl da es ordinali junge und unvorsichtige Leute sind, leicht gestürzet oder sonsten Schaden genommen werden kann. Und obwohl wir daher uns vermuthlich Ew. Excellences Befehl versehen könnten, wenn wir selbiges gleichfalls verböten; so mögen wir doch für uns und ohne höhere Autorität umso weniger dazu schreiten, als es eine sehr alte Gewohnheit ist, die nicht anders als durch nachdrückliche Strafen abzustellen stehet.

Ew. Excellences geben wir solchem nach unterthänigst anheim, was dieselben desfalls zu befehlen geruhen wollen, und beharren ut in raltione humillime

Langenhagen d. 14 ten August 1748

> *Wilhelm Ludwig von Bothmer   Carl Gustav Friedrich Wyneken"*

Man nahm höheren Orts die Sache wohl nicht als vordringlich wichtig an, denn die Antwort ließ einige Zeit auf sich warten. Mit Datum vom 18. Oktober 1748 wurden die beiden Amtsleute schließlich ermächtigt: *„... so werdet ihr solches bei harter Leibes Strafe verbieten ..."*. Ob ihr Verbot durchgesetzt werden konnte, wissen wir nicht. Heute wird dieses Besen-

Rennen jedenfalls nicht mehr geritten. Der Bissendorfer Rektor i. R. Heinrich Henstorf berichtete in seiner 1939 erschienenen Bissendorfer Chronik von dem dortigen „Hochzeitsbesenrennen". Die jungen Leute hatten sich anscheinend nicht recht um Verbote der Obrigkeit gekümmert.

Mit zunehmender Differenzierung in der Pferdezucht begann eine Anpassung der Zucht an die Verwendung der Pferde. Diese galt zunächst Rennpferden in England, die mittels importierter arabischer Pferde eine Grundlage der heutigen Vollblutzucht bildeten. Rennen sind eine Möglichkeit zum Beurteilen der Leistungsfähigkeit von Pferden. Ähnliches gilt für Dressurprüfungen in Hofreitschulen. Insbesondere aber für Prüfungen in der Vielseitigkeitsreiterei, deren frühere Bezeichnung „Military" ganz klar die ursprüngliche Zielrichtung definierte. Eine militärische Verwendung von Pferden ist angesichts der heutigen Waffentechnik natürlich außer Diskussion. An deren Stelle trat der reine Sport. Dabei bildeten sich Zuchtlinien für jeweils spezielle Sportarten heraus. Rennpferde (Galoppsport, Traber), Spring-, Dressur- und Vielseitigkeitspferde und neuerdings auch wieder Wagenpferde stehen in den Ställen. Dabei gibt es besonders in der Reiterei Übergänge zu Freizeitpferden, die auch einen begrenzt sportlichen Einsatz auf Turnieren erlauben. Für diese Verwendungen geeignete Pferde werden in den verbliebenen Gestüten oder Zuchtbetrieben, aber auch in immer noch bäuerlicher Pferdezucht mittels heutiger Zuchtverfahren gezielt produziert.

In seinem sehr lesenswerten Buch „Das letzte Jahrhundert der Pferde – Geschichte einer Trennung" beschreibt der Autor Ulrich Raulff, wie der gemeinsame Weg von Mensch und Pferd im Verlauf des zwanzigsten Jahrhunderts zu Ende ging. Zugleich verschwanden ehemalige landwirtschaftliche Nutzungen des Pferdes bis auf wenige Reste. Bauern alten Schlages, die von den Nationalsozialisten in einer Art ideologischem Vogelbauer konserviert worden waren, verschwanden mit ihnen. Ersten Aufschluss dazu verschafft folgende Grafik zum Pferdebestand:

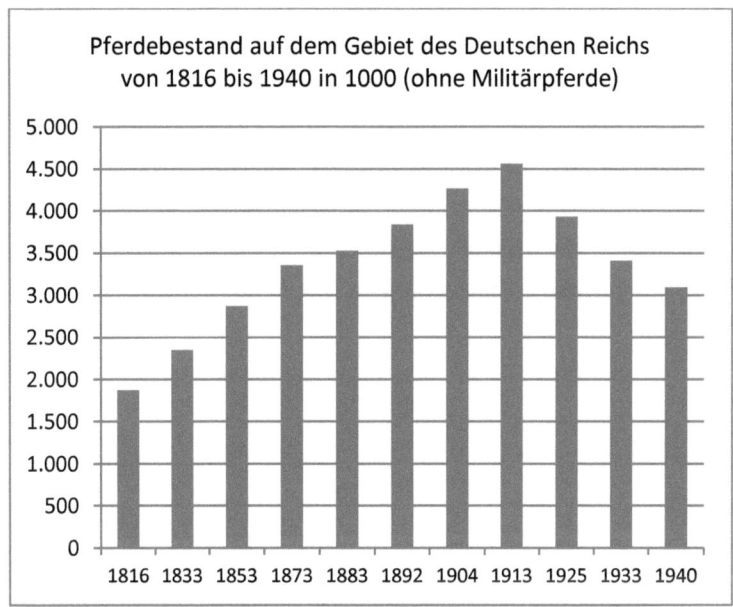

Quelle[25]

Die langjährige Statistik der Pferdebestände außerhalb des Militärs zeigt eine relativ gleichmäßige Zunahme zwischen 1816 und 1913. Das ist die Zeit, in der der Pferdehandel in Langenhagen wieder zurückging und der hiesige Pferdemarkt vollkommen verschwand. Das Anwachsen der Pferdebestände auf mehr als das Doppelte lässt sich relativ leicht erklären. Es stimmt nämlich überein mit der allgemein positiven Entwicklung der Landwirtschaft im 19. Jahrhundert. Weil die

Bauern, u. a. wegen besserer Düngung, mehr Futter ernteten, konnten sie mehr Pferde ernähren. Zugleich benötigte die Landwirtschaft mehr Pferde für die verbesserte Feldbestellung nebst angewachsenen Erntemengen. Außerdem waren mehr Menschen finanziell in der Lage, sich Pferd und Wagen zu halten. Mit beginnender Industrialisierung brauchte man außerdem mehr Pferde für den Transport von Gütern und Menschen. Dem stand der Ausbau der Eisenbahnen keineswegs entgegen. Die Pferdebestände nahmen erst wieder ab, als Kraftfahrzeuge ihre Funktion im Verkehr zunehmend ablösten. In der Landwirtschaft blieben die Pferdebestände noch länger auf einem sehr hohen Niveau. In Deutschland behinderte die rückwärtsgewandte NS-Agrarpolitik ab 1933 Strukturwandel und Mechanisierung in der Landwirtschaft.

Nach 1950 war der Siegeszug der Ackerschlepper nicht mehr aufzuhalten. Bis 1970 sank die Zahl der Pferde in der alten Bundesrepublik Deutschland auf 250.000 Tiere ab. Zwanzig Jahre vorher hielt man noch rund 1,6 Millionen Pferde. In Verbindung mit dem gewachsenen Wohlstand in Deutschland stiegen die Zahlen aber wieder an. 1995 gab es über 500.000 Pferde in der alten Bundesrepublik. Die wenigsten davon wurden als Arbeitspferde in der Landwirtschaft oder zum Rücken des Holzes im Forst gebraucht. Die 1995 gezählten Pferde waren Freizeit- oder Sportpferde. Diese Entwicklung kann man unschwer an der Zahl der pferdehaltenden Betriebe in Langenhagen ablesen. Viele mit Ackerbau und Viehzucht allein nicht mehr lebensfähige Bauernhöfe haben über die Pensions-Pferdehaltung eine neue wirtschaftliche Basis gefunden.

Wagenpferd vor dem Pferdestall des Vollmeierhofes Nr. 2 in Langenhagen. Aufnahme um 1880. Der Stall wurde um 1860 gebaut.

Pferdehaltung

Was die Pferdehaltung der vergangenen 500 Jahre betrifft, muss man sicher zwischen den Arbeitspferden der Bauern und den Reit- oder Wagenpferden der höhergestellten Herrschaften unterscheiden. Kavalleriepferde gehören eher zu der zweiten Klasse. In jedem Fall waren Pferde ein besonders wertvolles Gut, das man entsprechend pflegen und versorgen musste. Diese Tatsache verhinderte jedoch nicht unbedingt schlechte Behandlung bis zu Tierquälerei. Droschkengäule hatten ein oft hartes Leben, bis es beim Metzger endete.

Pferdeställe waren in der Regel etwas besser ausgestattet als Stallungen für Rindvieh. Im hier gebräuchlichen Niedersachsenhaus blieb ihnen eine Seite vorbehalten. Der Pferdeknecht, so vorhanden, hatte seine Kammer direkt nebenan, so dass er auch im Schlaf Unruhe oder Vorfälle bei den Pferden bemerken konnte. In dem separaten Pferdestall auf dem Vollmeierhof Nr. 2 der Kircher Bauerschaft, der um 1860 erbaut wurde, gab es ebenfalls eine Kammer, die ein Pferdeknecht noch Anfang des 20. Jahrhunderts bewohnte.

Holzschnitt aus Caius Plinius II. Frankfurt 1583

Pferdehaltung - Weidegang und Futter

Arbeitspferde waren bei der Feldbestellung oder der Ernte in stetigem Einsatz. Deshalb blieb ihnen bei diesen Arbeiten nur begrenzte Zeit zum Grasen auf der Weide. Außerdem konnten sie die geforderten Leistungen nur erbringen, wenn sie ausreichend Körnerfutter erhielten. Deshalb musste man nachts im Stall Heu und Hafer zufüttern. Quellen aus Langenhagen verweisen allerdings auch darauf, dass sie über Nacht auf der Weide waren oder dort gehütet wurden. An erster

Stelle galt es, Pferde mit ausreichend Futter zu versorgen. Die Bauern brauchten genügend Weideflächen und größere Wiesen zur Heuernte. Außerdem mussten sie einen Teil der Äcker mit Hafer bestellen, damit den Tieren genügend Kraftfutter gereicht werden konnte. Der Grundsatz von damals: „Den Ansporn gibt der Hafer!".

Aufgrund ihres Verdauungssystems sind Pferde anspruchsvoll, was ihr Futter betrifft. Von Natur aus sind sie Tiere, die große, offene Weiden benötigen, wie sie die Steppen Asiens oder die amerikanische Prärie bieten. Langenhagen hatte in alten Zeiten nur Heideland oder vereinzelte Feuchtwiesen aufzuweisen. Die natürliche Futtergrundlage war demnach nur mäßig. Hafer konnte auf den sandigen Böden recht gut gedeihen, brachte aber nur geringe Erträge. Erst der Einsatz des heute gern verpönten „Kunstdüngers" ermöglichte erhebliche Steigerungen. Allgemein wurde bei uns bis zum 19. Jahrhundert nur das Drei- oder Vierfache der Einsaat geerntet.

Was ein Pferd an Futter brauchte, kann man aus verschiedenen Quellen ableiten. 1803 wurde von der französischen Besatzung in Langenhagen eine „Fouragesteuer" erhoben[26]. Die betrug für den größten Vollmeierhof in Langenforth monatlich 11 Rationen. Insgesamt sollten 210 Pfund Heu, 210 Pfund Stroh und 168 Pfund Hafer geliefert werden. Das wären pro Ration 19 Pfund Heu und Stroh sowie rund 15 Pfund Hafer. Heutige Futterempfehlungen sehen etwa 6 kg Heu und je nach Belastung bis 5 kg Hafer als Tagesration vor. Selbst wenn man beim damaligen Hafer größere Spelzen und ein kleineres Korn berücksichtigen muss, wurde die Steuer doch recht hoch angesetzt. Die von 1816 bis 1858 für Langenhagen vorhandenen Ernteberichte zeigen jährliche Preisschwankungen bei diesem Futtergetreide zwischen 7 und 24 Groschen je Himten.[27] Der Himten, ein Hohlmaß mit etwa 30 Litern Volumen, enthielt zwischen 20 bis 30 Pfund Hafer. Wir sehen nebenbei, dass in Frankreich das heute fast überall gültige Dezimalsystem bereits eingeführt war, während man sich im Hannoverschen noch an die althergebrachten Maße hielt. Man kann den Wert des Hafers nur sehr ungenau einschätzen, die Tagesration dürfte im Mittel 6 – 7 Groschen gekostet haben. Das war um 1800 ziemlich viel Geld, nämlich etwa ein halber Tageslohn.

Besonders interessant ist der Erntebericht für das Jahr 1816. Es war das bekannte „Jahr ohne Sommer", denn durch einen Vulkanausbruch in die Atmosphäre geschleuderte Gase und Staub dämpften die Sonneneinstrahlung und führten in Mitteleuropa zu langdauerndem Regen. Bauermeister Kuhlmann klagt dementsprechend:

„Auch dem Hafer und den Rüben hat die ungünstige Witterung sehr geschadet. Die Kartoffeln sind in den niedrigen Gegenden durch das Wasser verdorben, so daß man in diesem Jahr gewiß 1/3 Verlust gegen gute Jahre rechnen darf. Eine gleiche Bewandniß hat es mit dem Heu es ist schlecht hereingekommen und ist bei Verfütterung eine Gefahr für das Vieh."

In diesem ersten Jahr der Ernteberichte fügte Kuhlmann seinem Text eine aufschlussreiche Tabelle über den Viehbestand und den entsprechenden Futtervorrat bei. Er meldete 785 Pferde im Amt Langenhagen, dabei zählte er die vielen Kavalleriepferde mit. Für jedes Pferd errechnete er eine jährliche Gabe von einem Fuder Heu sowie 5,3 Malter Hafer an. Wenn man den Malter Hafer zu 85 kg berechnet, wären das 450 kg. Das ergibt eine Tagesration von 1,2 kg Hafer. Den Pferden wurde zudem fast die Hälfte der Roggenernte – 2600 Malter – zugeteilt. Das Hornvieh – also die 2700 Rinder im Amt – sollten ebenfalls ein Fuder Heu pro Kopf erhalten. Kraftfutter wie Hafer oder Roggen erhielt es jedoch nicht. Auch zu dieser Zeit ist das Ergebnis eindeutig: die Pferdehaltung war aufwändig und teuer. In einem Nachtrag ging der Bauermeister auf den Bedarf an Stroh ein. Jedes Pferd sollte 20 Stiegen Stroh für „Häckerling" (Häcksel) als weiteres Raufutter sowie 18 Stiegen Stroh für die Einstreu erhalten. Da 10 Stiegen Stroh auf ein Fuder kamen – die Wagen waren demnach nicht besonders groß – bekam ein Pferd 3,8 Fuder Stroh, während sich eine Kuh mit 1,8 Fudern für die Einstreu begnügen musste. Aus diesem Vergleich von Pferden und Rindern wird zudem erkennbar, dass Pferde weniger Weidegang hatten als das „Hornvieh", das sich sein Futter überwiegend selbst suchen musste. Insgesamt zeigen Kuhlmanns Ernteberichte regelmäßig Mangel an Heu und Hafer an. Nur für Ausnahmejahre wie 1821 berichtete er, dass genügend geerntet wurde. Ab Oktober 1826 berichtete der Hausvoigt Kliebe über die jeweilige Ernte. Es blieb aber bei stetem Grund zur Klage. Oft musste Hafer „im Calenbergischen" zugekauft werden. Mit dem Heu hatte man sich dagegen zu behelfen, d. h. weniger füttern, weil es auch in der Nachbarschaft nicht zu erhalten war.

In der Technikgeschichte wurden die o. a. schlechten Jahre sogar mit Erfindung und Verbreitung des Drais'schen Laufrades in Verbindung gebracht. Wegen des Futtermangels wären viele Pferde verendet, so dass man auf ein technisches Hilfsmittel zur schnellen Fortbewegung angewiesen war. In jedem Fall fraß das Laufrad keinen Hafer. Es war in der Unterhaltung billiger als ein Pferd. Heute greift man zu dem früher als „Drahtesel" bezeichneten Fahrrad.

Hausvogt Kliebe meldete in seinem Bericht[28] vom 23.08.1831, welche Grundflächen in den Amtsdörfern vorhanden waren und wie viele Pferde bzw. Ochsen es als Zugtiere gab:

Nr. i	Ortschaft	Gebundenes Grundeigenthum		freies Grundeigenthum		Spannvieh	
		Acker Morgen	Wiesen Morgen	A	W	Pferde	Horn vieh
1	Brink mit Evershorst	791	525	6	-	49	13
6	Kircher Bauerschaft	667	307	8	-	27	14
7	Langenforth	282	307	-	-	18	12
8	Krähenwinkel	723	548	-	-	36	18
10	Kaltenweide	1177	838	-	-	77	22

Damals hielten die Bauern weniger Pferde in den Dörfern des Amtes, als in der heutigen Stadt Langenhagen in Ställen der verbliebenen Bauernhöfe stehen und Weidegang haben. So können Reiterinnen und in kleiner Zahl auch Reiter im städtischen Umfeld für ihre Freizeit oder ihren Sport Pferde besitzen und reiten. Hinzu kommen wenige Pferde, die vor dem Wagen gehen.

Die heutigen Pferde sind allerdings nicht mehr auf Futter von diesen Höfen oder aus der unmittelbaren Nachbarschaft angewiesen. Mit Kraftfahrzeugen lässt sich das benötigte Material aus ziemlich weiter Entfernung zu den Tieren bringen. Daher können mehr Pferde im Ort ernährt werden, als es im Verlauf der Geschichte möglich war. Über Jahrhunderte begrenzten der mäßige Ertrag an Heu und Hafer sowie das oft schwache Wachstum von Futterpflanzen auf den Weiden die Zahl hiesiger Pferde. Das war den Einwohnern der Dörfer sehr bewusst. Deshalb verteidigten sie die gemeinsam genutzten Weiden als Futtergrundlage für ihre Pferde nach Kräften.

Holzschnitt aus Caius Plinius II. Frankfurt 1583

Pferdehaltung - Streit um Weiderechte

Im Untertanenverzeichnis aus dem Jahre 1594, das Archivar Walter Bode ausgewertet hat, sind Angaben zur möglichen Heuernte enthalten, die auf den Höfen erzielt werden konnte. Bei den Meierhöfen rechnete man mit zwei bis im besten Fall sechs Fudern Heu vom eigenen Land. Bei den Kothöfen (Kötter oder Kötner) war die Ernte geringer. In der Regel wurde nur ein Fuder eingefahren. Damit ist klar, dass nur die Meier Pferde halten konnten. Außerdem verweisen diese Angaben auf den besonderen Wert der „gemeinen Weiden", auf denen in der Regel alle Bewohner der Dorfschaft ihr Vieh hüten durften. Die ungünstigen Werte waren wahrscheinlich eine Folge der „Kleinen Eiszeit" vom 16. bis zum 19. Jahrhundert. Das Klima war damals zwischen 1570 und 1630 sowie 1675 und 1715 besonders kalt. In diesen Zeiträumen wuchsen Wiesengras und Futterkräuter deutlich schlechter. Das Getreide brachte geringere Ernten. Beides wirkte sich auf die Ernährung von Mensch und Vieh merklich aus. Viehzählungen aus dem 16. Jahrhundert ergaben deutlich höhere Pferdebestände um die Mitte des Jahrhunderts als 50 Jahre danach. S. folgende Grafik:

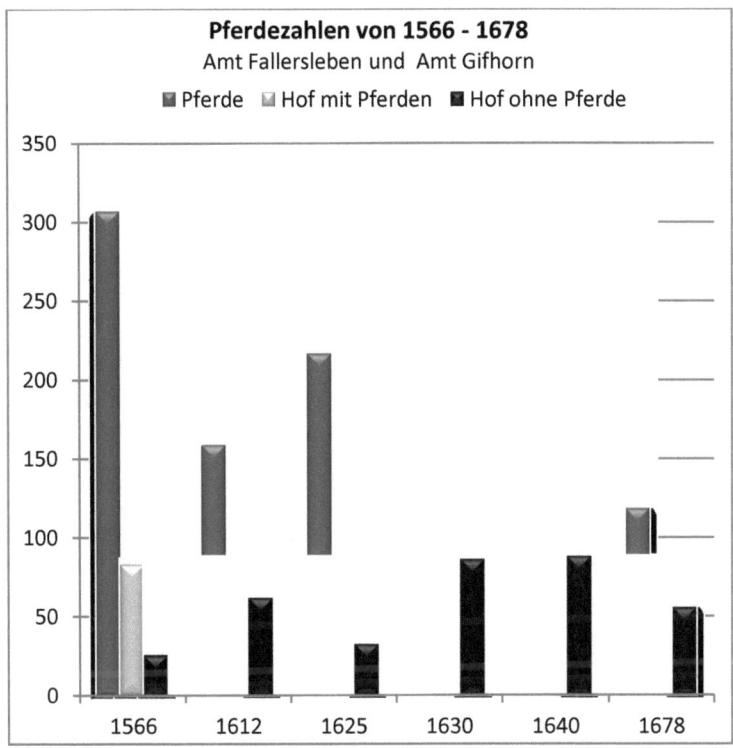

Von 1566 bis 1612 sank die Zahl der Pferde auf die Hälfte ab, zugleich verdoppelte sich die Zahl der Höfe, die keine Pferde hatten. Die schlechten Werte 1630 und 1640 sind sicher auch eine Folge des Dreißigjährigen Kriegs (1618 – 1648). Man sieht außerdem, dass die Zahl der Pferde noch 30 Jahre nach Ende dieses Krieges nicht den früheren Stand erreicht hatte. Selbstverständlich bietet die Grafik keinen Beweis der jeweiligen Ursache verminderter oder angestiegener Zahlen. Die Übereinstimmung mit den bekannten Änderungen im Klima oder den Auswirkungen des Krieges legt diese Zuschreibungen allerdings nahe.

In Langenhagen gehörten auch im 17. Jahrhundert nur wenige Wiesen zum Eigentum der Bauern. Daher ernteten die meisten Höfe nicht genug eigenes Heu. Die im Verzeichnis des Zinslandes[29] aus den Jahr 1634 bis 1674 angegebene Fläche der Wiesen betrug für die drei Bauerschaften „Kreihenwinkell", „Kircher Bauerschaft" und „Langenforth" etwas über 580 Morgen nach neuerlichem Aufmaß. Das waren 180 Morgen weniger als zuvor angenommen. Im Amtslagerbuch aus dem Jahr 1660 verzeichnete der Amtsschreiber, dass die Höfe zwischen drei und neun Fuder Heu von ihren Wiesen einbringen konnten. Das war zwar mehr als 1594, reichte aber immer noch nicht weit. Die Pferde mussten weiterhin zusätzliches Futter auf der „gemeinen Weide" suchen. Diese im Gemeineigentum der einzelnen Dörfer stehenden Weiden außerhalb abgegrenzter Äcker und Wiesen waren in Langenhagen überwiegend magere Heideflächen oder Niedermoore. Da wuchs nicht viel Futter. Aus diesem Mangel ergaben sich immer wieder Streitigkeiten.

Im Mai 1636 kam es zu erheblichen Reibereien, weil die *„Kreyenwinkeler mit den Pferden zwischen Walpurgiß und Jacobi in der Landtwehr zu hüten durchaus nicht berechtigt, sondern müßen solcher Zeit über die Pferdehude nach dem Wolde treiben und daselbst hüten... Eß hatten ... die von der Evershorst, Twenge und Kalten-Weyde so mit Pferden, Rindvieh und Schweinen in der Landtwehr zu hüten berechtiget, sich unterstanden mit den Kreyenwinkeler .. Pferde herein zu Treyben, sind zu Twenge gleichsamb Pferdelager ... welches die Isernhagener Ihnen mit nichts gestendig, sondern deßwegen in deren Abwesenheit gepfändet, und die 2 Pferde anhero auf das Amt gebracht, daß auch deren Leute so spezifizieret .... die gebühr Theilß* *auch mit anderen Dörfern in die Landtwehr zu treiben sich genötigt, woher gleichergestalt befunden, derowegen nicht gebeten der Rinder obgemeldeter Leuthe ohnbegleitet ...* " so schreibt der Amtsvogt von Burgwedel dem Amt in Langenhagen.[30]

Zuvor hatte sich der Langenhagener Amtmann beschwert, dass die Isernhagener in Abwesenheit zwei Pferde gepfändet und weggenommen hätten, zudem führt er aus: „*...ist einmal unstrittig, daß die Langenhäger das* jus compansenoi *in der Landtwehr mit den Isernhagenern haben.*" Der lateinische Ausdruck ist nicht ganz korrekt. Er bedeutet, dass ein Recht durch das andere aufgewogen wird, daher dürfen beide Seiten ihr Vieh dort weiden lassen. Die Gemarkungsbezeichnung „Landwehr" ist heute nicht mehr geläufig. Damit wurde die z. T. befestigte Grenze entlang der Wietze zwischen den benachbarten Fürstentümern Calenberg und Braunschweig-Lüneburg mit der Residenz in Celle bezeichnet. Es ist anzunehmen, dass die Krähenwinkeler Bauern die allgemeine Weide auf Isernhagener Gebiet, also östlich der Wietze nutzten, denn dieser kleine Heidebach ist kein Hindernis für Pferde. Kurz nach dem o. a. Schreiben aus Burgwedel fasste der Amtmann nochmals nach:

„Gnädigst Wohlgebohrener Und Wahrhaft Insbesondere Vielgeliebter Herr Schwager und Vertrauter Brüderlicher freundt, Alldieweil biß fast diese heutige Stunde die Kreyenwinkeler allhie ihre pferde von den Isernhagenern nicht wider bekommen, und nicht gemeinet sie ihres Wolbefesten undt continuiereten juris compascend sich zu begeben, vielweniger mit einem selber ge... einen mehren ihren Zunötigunsbericht wider alle Befugniß abgenommene Pferde wider zurläße Alß Pflicht ich dienstlich mir zu verständigens, ob sie ihnen die Pferde ...... woselbst sie genohmen worden wieder bringen wollen, damit eß dem ein oder anderen Weges andere ... und mittel vorgen-

ohmen werden können. Erwarte mit …. deßen und verbleibe Lan-
genhagen am 24ten May 1636

Allzeit …."

Ob die Pferde irgendwann zurück gebracht wurden, steht leider nicht in den Akten. Stattdessen ist die aufschlussreiche Berechnung des Schadens enthalten, der den Bauern durch die Beschlagnahme ihrer Pferde entstanden war.

Verzeichnuß waß die abgefuderten Pferde kosten und waß durch sölche abfuderung für schaden den Leuten zugefügt worden

1. *Daß eine Pferd kostet …………… 11 RTh 28 mgl*
2. *Daß andere Pferdt kostet …….. 12 Rrth*
3. *in drey wochen hätten die Leute von*
   und nach Hannover Holz fahren
   undt alle Zeit mit jedem Pferde
   2 Rth verdienen können, thut . 12 Rth

          Summa   35 Rth 28 mgl

Der Wert der Pferde wurde auffallend niedrig angesetzt. Ein junger, brauchbarer Ackergaul hätte damals bis zum Dreifachen gekostet. Der Verdienst von 2 Reichstalern pro Pferd und Woche war ebenfalls nicht hoch gegriffen. Die resultierenden 12 Mariengroschen je Arbeitstag entsprachen in etwa dem doppelten Tageslohn eines Tagelöhners. Davon mussten aber die Futterkosten für das Pferd und der Lebensunterhalt des Fuhrmanns bestritten werden. Andererseits mussten die Isernhagener beide Pferde versorgen, wofür sie sicher entschädigt werden wollten. Man sieht, es war ein hervorragender Anlass für soliden Nachbarschaftsstreit. Damals allerdings über eine Landesgrenze hinweg.

Ein anderer Streit betraf rund 150 Jahre später das Weiderecht der Kötner, also der ärmeren Bauern. In dem Schreiben vom 09.10.1784 fragen die *„Königlich Großbritannischen Churfürstl. Brschwg-Lünebg Cammer und zur Cammer verordnete Räthe"*[31] deshalb das Amt Langenhagen:

Unsere freundliche Willfahrung zuvor;
ehr und achtbare gute Freunde!
Es ist die Frage entstanden, in wiefern den Köthnern gegen Entrichtung des sogenannten Köthner-thalers in die Amtsregister auch ohne Consens der übrigen Meyer verstattet werden könne, ihre nicht freyen Köthner-Pferde auf die gemeine Weide treiben zu dürfen? Und da Wir zu wißen verlangen, wie es hierunter beym dortigen Amte gehalten werde, so habt ihr zu berichten:

1) nach welchem Verhältniße die Köthner im dortigen Amte ihre Pferde auf die gemeine Weide bringen dürfen?

2) ob, und was von selbigen für die nicht freyen auf die gemeine Weide getriebenen Pferde in die Amtsregister entrichtet werde?

3) *ob, um die nicht freyen Pferde auf die gemeine Weide treiben laßen zu dürfen, der Consens der Meyer im Dorfe erfordert werde?*

4) *ob, und was für solche nicht freyen Pferde etwa in die Gemeinde-Rechnung bezahlt werde, oder den Meyern dafür zugute komme? und*

5) *worauf sich die Verfaßung des dortigen Amtes in jedem dieser Stücke gründe?*

Wir erwarten diesen Bericht in den nächsten 14 Tagen, und sind auch zu freundlicher Willfahrung geneigt.

Hannover, den 9 ten October 1784

Königlich Großbritannischen Churfürstl. Brschwg-Lünebg Cammer und zur Cammer verordnete Räthe

Antwort des Amtes vom 26. Oktober 1784:

zu

1) *denen Kötnern hiesigen Amtes seit unvordenklichen Jahren hergebrachte Observanz gemäß freistehe ohne Rücksicht auf ihre Länderey zu nehmen, zwey Pferde auf die gemeine Weide zu bringen, weil sie ohne zwey Pferde zu haben, den Torfhandel als einen Hauptnahrungszweig nicht treiben können.*

2) *dieselben für diese beyden zur Weide zu bringenden Pferde deren Anzahl sie niemahls überschreiten, in die Amts-Register nichts entrichten auch niemahls etwas entrichtet haben, weil die Weide von schlechter Beschaffenheit und die Pferde ohne zu gefüttert zu werden, sich daraus nicht nähren können, daher die Meyer-Leute selbst auch nicht mehr wie zwey Pferde auf die gemeine Weide bringen.*

3) *Die Kötner nicht nötig haben, wegen der zweyen auf die Weide zu treibenden Pferde den Consens der Meyer zu erfordern, dieselben aber niemahls mehr wie zwey Pferde halten, auch wegen Mangel der Fütterung nicht mehr halten können, mithin der Fall wegen*

der nicht freyen auf die gemeine Weide zu treibenden Pferde gar
nicht oder selten vorkommt.

4) *auch für die auf die gemeine Weide zu treibenden Köthner-Pferde*
   in die Gemeinde-Rechnung von den Besitzern derselben nichts be-
   zahlt wird, indem die Gleichzahl derselben wegen des Mitgenuß
   der Pferde-Weide, denen Meyerleuten in den außerordentlichen
   Spanndienst als Landfolge oder Kriegerreisen zuhelfen können
   und die zur Weide bringenden Pferde mit anspannen
   endlich

5) *Sich diese Verfaßung in Hinsicht der zur Weide zu bringenden*
   Köthner-Pferde auf eine vieljährige Observanz gründet und nach
   Aussage alter Leute es vor jenen solcher gestalt in hiesigem Amt
   mit der Pferde-Weide gehalten worden.

   Wir bestehen in tief schuldigem Respect
   3 Paraphen

[vermutlich Amtmann, Amtsschreiber, ggf. Bauermeister]

Da haben wir es. Irgendein Voll- oder Halbmeier hatte sich anscheinend höheren Orts beschwert, dass seine Pferde nicht genug Futter bekämen, weil die Groß- und Kleinkötner Pferde auf die gemeine Weide trieben. Die beanspruchten die spannpflichtigen Meier allein für sich. Da man gegen Ende des 18. Jahrhunderts seitens der Verwaltung Wohl und Wehe der Landwirtschaft genauer ins Auge fasste als in früheren Zeiten üblich, bot dies den Anlass für die obige Anfrage. Die Beamten „vor Ort" wussten besser Bescheid und berichteten demgemäß über die Verhältnisse. Zwei der genannten Fakten sind für dieses Buch bedeutsam:

1. Ohne Pferde war Nebenerwerb im Torfhandel nicht möglich
2. Die frei zugänglichen gemeinen Weiden waren so schlecht, dass die Bauern, egal ob groß oder klein, nicht mehr als

zwei Pferde halten konnten. Von eventuell mitlaufenden Fohlen muss man dabei absehen. Die wurden spätestens im Alter von drei Jahren verkauft. (S. Band I -Pferdehandel)

Wir sehen eine durchaus verbreitete Haltung der „größeren" Bauern, die sich den „kleineren" Kötnern überlegen und bevorrechtigt fühlten. Die Quelle erlaubt zudem einen Blick auf die ständigen Querelen, die wegen des Gebrauchs der „gemeinen Weiden" entstanden. Dazu gibt es Dutzende von Belegen in den Archiven. Wenn es dabei nicht um die wertvollen Pferde gegangen wäre, wären manche nicht ausgeufert. Dazu nachfolgend einige Beispiele:

<u>Dokumentierte Streitigkeiten um Weiderechte verschiedener Dorfschaften des Amts Langenhagen</u>[32]

1. 1774 Streit um die Gemeinheit Herrenhausen
2. 1779 Streit zwischen Grimpe und Döpke aus Schulenburg
3. 1740 Streit zwischen Gotteshorn (Godshorn) und Schulenburg
4. 1756 Streit zwischen Vahrenwald, List, Hainholtz und Herrenhausen
5. 1772 Streit zwischen Kircher Bauerschaft und dem Amt Burgwedel

   Am 28ten October erschienen die Einwohner der Kircherbauerschaft nur rechts des Sechsmanns Hagens und zeigten an wesmaßen sie in ferhaftung gebracht, daß das Amt Burgwedel einen Platz in Ihrer Gemeinheit und Haide von etwa zwei Morgen an .... dichte an der Wietze vom .....wege nach dem Hainhause zu einer Wiese für einen Einwohner in Isernhagen ausgesteckt.

6. 1761 Streit zwischen Bothfeld und Klein Buchholz
   Es erschienen die Vorsteher Jürgen Bosmann und Johann Jürgen Halberstadt aus Bothfeld Cord Jürgen Reinecke aus Klein Buchholz und zeigten dem Amt klagend an …
7. 1760 Bothfeld
8. Streit wegen Verteilung von Gemeinheiten der Stadt Hannover
9. 1768 Klage sämtlicher Eigentümer in Brink gegen Gottes-horn (Godshorn)
10. 1771 Klage wegen Besitzstörung, inliegend Langenhagen
    28. Juli 1744 Einwohner aus Engelbostel
11. 1774 Streit der Gemeinde Stöcken
12. 1775 Streit zwischen Meyer, Plinke, Harke, Engelke, (Scherenhagen) gegen Heinrich Bohle
13. 1771 Langenforther Bittschreiben, inliegend:
    16. Juli 1771 … *den Bittenden soll bedeutet wer-den, die zu unserer Gesamthude zugehörigen Ländereien sofort liegen zu lassen, sich allen ferneren Anspruchs daran zu enthalten und selbige in allen uns verursachten Lasten zu condemmnieren.* gez. Döring (Für Graf v. Roden)

    Umschlag

    Die Einwohner des Dorfes Langenhagen zum Kreyenwinkel desgleichen die Einwohner des Hofes zu Evershorst - Imploranten wider die Mitglieder der Bauerschaft Langenhagen zu Kaltenweide Ludwig Korhs, Hans-Heinrich Baumgarten, Henje Gießelmann, Johann Evers, Cord Heinrich Harke und Daniel Goltermann - Imploranten

14. 1663 Streit Brink gegen Gotteshorn (Godshorn), Wiesen beim Amtshof
15. Streit wegen der Langenforther Wiesen 1. März 1813
    inliegend: 14. Febr. 1814
    inliegend: 13 Juli 1789 – Graf von Roden
    inliegend: 01 Jan. 1815 sowie Schreiben der Gemeinde zu Langenforth

Dieses Inhaltsverzeichnis der o. a. Akte, neben der es viele weitere mit ähnlichem Inhalt gibt, belegt die fortlaufenden Streitigkeiten wegen der Rechte auf gemeinsam genutzten Weiden. Oft kam es zu förmlichen Verfahren vor dem Amt in Langenhagen (Amtsgericht). Dessen Entscheidungen bedeuteten aber keineswegs, dass die Unterlegenen dieses Urteil hingenommen haben. Vielfach wurden die Tiere weiter auf den streitigen Flächen gehütet. Kein Wunder, dass gelegentliche Handgreiflichkeiten vorkamen. Im schlimmsten überlieferten Fall wurde bei einer Schlägerei zwischen Langenhagener Bauern und Bürgern aus Hannover ein Hannoveraner so schwer verletzt, dass er an den Folgen starb. Das Schreiben des Rates der Stadt Hannover vom 11.Juli 1750 schildert den Sachverhalt:

Königlich-Großbritt. Chur-Fürstlich-Braunschweig-Lüneburgischen Regierung Hoch-Verordnete Herren Geheimb-Rähte

Hoch und Hoch-Wohlgebohrene Gnädig Hochgebietende

Herrn

Was gestrigen Tages bei uns die hiesige Gemeine wegen der von einen Langenhagenschen Bauers-Mann unlängst hart verwundeten Tagelöhners, und eines von den sogenandten 20 Mann namens Pölling, welcher heute Mitags an solcher Wunde Verstorben angezeiget, und vorgebracht, ergiebt das hiebei abschriftlich verwahrte Protocollum.

Unß, dem Magistrat ist von diesem Vorgang nichts wißend gewesen, die Gemeine, da sie mir einige wenige unsichere Mitteln zu Visitierung des Plaggen-Meyens und der neuerlichen im Gerichte mit Zu-Ziehung einiger von den 20 Mann deputieret, mag auch dem Auf-Lauf und dem Auf-Bot mehr den einige 100 Bauren wohl am wenigsten verwüstet haben, da allhier dergleichen aufbot nicht geschehen, als welcher der Gemeinde ohne dieß von uns auch so schlechterdings nicht [v]erstattet wird, wenn es indeßen an dem seyn sollte, wie die Gemeinde berichtet

   1. *Daß das Amt Langenhagen eine so große Anzahl Morgen Landes aus der hannöverschen Hude und Weide angewiesen*
   2. *der Amtsschreiber von jedem Morgen 3 Rth Anweisungsgebühren genommen,*
   3. *das Amt die Bauren zum Zusammenlauf und Schlägen instruieret.*

So wißen wir nicht, wie das Amt daß solcher Gestalt an diesen bösen tragieo Schuld hat, dieses beginnen zu rechtfertigen im Stande sey. Daß Amt hat zu unserer Zeit über 100 Morgen aus der Gemeinheit ausgewiesen, und da durch die hannoversche Gemeinde zu Schweren und Kostbahren Processen, die sich in die Länge verziehen, eingeleitet.

Wir unseres Ohrts, so oft es die Gemeinde an uns zur Notiz gebracht, ob schon die Gemeinde vermöge der gemeinen Rechte und der sämptlichen Hude- und Weide Recessen auch durch die undenkliche Observanz befugt, solches durch Schlichtung, Gerichte oder anderer gebührl. Art zu verhindern, haben demnach dieselbe von allen Thätlichkeiten dehortiert*, dergestalt daß dieselbe viam juris ergreifen müßen, jetzo da daß Amt fohrtfähret pendente lito auf die remonstr. Art in die Hude und Weide einzugreifen wird die Gemeinde irritieret und sind dieses an sämbtl. von des Amts eigenmächtigen, wieder die Rechte, Landt-Tages -Abschiedt und sämbtl. Hude und Weide Re-

---

* abgehalten

verse laufenden unternehmen, und diese Zudringlichkeit um so weniger
zu entschuldigen, da die Deputierten von der Gemeinde sich bei den
Zusammenlauf retiriret und die 20 Mann ohne einen Schlag zu thun,
dermaßen von den Bauren mit Prügel überfallern, daß besagter Pölling
von dem Schlag auf der Stelle liegen blieben, die Sprache verloren und
auch nicht wieder zu sich selbst kommen.

Wir ermangeln nicht Ewgl. Excellenz davon Anzeige zu thun,
werden auch diesem Casum sofort der Cantzley mit allen Umständen
zur weiteren Untersuchung zur Wißenschaft bringen

die wir beharren

Ew. Excellenz

unterthänigste Gehorsambste

Bürgermeister und Rath hieselbst

Hannover   *Altusmann*   *H. J. Knoop*

11ter Jul. 1750

Bekanntermaßen sind die Langenhagener der benachbarten
Stadt auch später nicht immer wohlgesonnen gewesen, be-
sonders zur Zeit der Gebietsreform. Damals befürchteten
Bürger, dass der Landeshauptstadt noch mehr Teile Langen-
hagens eingemeindet würden, weshalb man jährlich zur
Grenze zog und den Hannoveranern „Dat is allet use!" zurief.
Für Leser, denen Platt fremd ist, sei die Übersetzung nachge-
schoben: Das gehört alles uns!

riment.

Jdem: Wenn einē Roſſz der Huff vernagelt iſt/alſo/daß es muß hincken/So nimm groß Wullkraut/zerknitſch zwiſchen zweyen Steinen/vnd ſchlags dem Pferde ein/ den Nagel zuvor herauß gezogen / es hilfft wunderbarlich.

Wenn das   Jdem: Wenn die Pferde verwundet oder vom Sattel gedruckt ſind/ſoll man
Pferd zu alt jnen den Pulffer von Oſterlucey wurtzlen in den Schaden ſtreuwen / iſt ſehr gut.
iſt / ſpannet Korn in Waſſer geſotten /ein wenig Coriander dazu gethan/vñ davon dē Pferden
mans in den   eyngeben/treibt die Würm von jnen. Die Roſſzärtzte ſiedē die Bletter von Bachpun
Karrn / oder gen mit Saltz oder Salniter / vnd brauchens zu allerley geſchwülſt vnnd rauden der
ſchlecht es für
die hunde.   Pferde.
Wenn die al-
ten Säul ge-   Plinius lib. 11. cap. 20. Auß dem Keiben oder faulem Fleiſch der abgeſtorbnen
hend werden/ Roſſewachſen die Weſpen vnd Hürnauſen.
ſo tau mans   lib. 20.cap.10. In der Bauren Practick wirdt geſetzt/daß/wenn die Bein von ei
nit mehr hebē.

Holzschnitt aus Caius Plinius II. Frankfurt 1583

Pferdehaltung - Tiergesundheit

Weil Pferde wertvoller und für die Landwirtschaft lebensnotwendiger Besitz waren, galten Heilkundige seit jeher als sehr wichtige Personen. In der 1778 gegründeten hannoverschen „Roßarzeney-Schule", der ältesten tiermedizinischen Ausbildungsstätte in Deutschland, begann eine strukturierte Ausbildung der Pferdeärzte. Selbstverständlich bemühte man sich schon vorher, die Pferde gesund und leistungsfähig zu erhalten. Dazu dienten der bessere Stall, besseres Futter und besondere Pflege, etwa beim Hufbeschlag. Hinzu kamen allerlei Kenntnisse aufgrund von Erfahrungen, die heute natürlich nicht mehr überliefert sind. Allerdings kann man in der Literatur für Landwirte, z. B. in der sogenannten „Hausväter Literatur", einen Ausfluss davon finden. Vorab muss aber bedacht werden, dass die Verfasser einschlägiger Bücher häufig die Irrtümer und fehlerhaften Überlieferungen anderer Autoren abschrieben, weil sie selber keine praktizierenden Bauern oder Tierzüchter mit Erfahrungswissen waren. Das gilt auch für Johann Joachim Bechers Buch *„Kluger Hausvater, verständige Hausmutter, volkommener Land-Medicus, wie auch wohlerfahrener Roß- und Viehe-Arzt nebenst einem deutlichen und gewissen Handgriff, die Haushaltungskunst innerhalb 24. Stunden zu erlernen, [...]"* Erstdruck 1685, das mir in einer Auflage des Jahres 1699 vorliegt. Becher lebte von 1635 bis

1682 und war als Alchemist bzw. Chemiker, promovierter Arzt sowie ökonomischer Berater bekannt. Auf der Seite 543 beginnt die „Roß=Artzeney" mit der gewiss sinnvollen Empfehlung: „*Die Pferde müssen wohl* [= gut] *gewartet* [= gepflegt] *werden. Auf die Pferde hat man mit allem Fleiß zu sehen, sonderlich auf der Knechte Vortheil und Betrug in Fütterung der Pferde, daß sie nicht überladen, oder übel von den Knechten geschlagen werden.*" Danach beginnt aber bereits das Unheil, denn Becher schreibt: „**Vor geschwinde und ansteckende Kranckheiten.** *Nimm ein faul stinkend Ei, dasselbe stecke dem Pferd in Hals, stosse es mit einem Farren=Schwantz hinab; lasse ihme darauf die Lungen=Adern schlagen. Jedoch daß man ihnen nicht zu viel Blut laufen lasse, sammle das Blut von jeder Ader sonderlich in einen Topff, nun darunter aus der Schmiede 1 Maß Lösch-Wasser, und den Kot von einem Knaben von 6 Jahren, auch 2 stinckende Eyer sammt den Schalen wohl durcheinander gerühret, und dem Pferde eingegossen, und darauf 12 Stunden fasten lassen, dann ein wenig Heu vorgeben, siede darnach Eichene Schößlein in Lösch-Wasser, und träncke das Pferd so lange davon, als die Kranckheit währet.*" Bei dieser Pferdekur dürfte die Krankheit nicht lange währen, denn die Arznei aus der seinerzeitigen „Dreck-Apotheke" war alles andere als gesund. In dem Stil fährt der Verfasser in seinem „*Hausvater*" über gut 50 Seiten fort. Dabei vergaß er auch nicht Mittel gegen „*Zauberey*" oder „*Verzauberung*" anzuführen, die im Zeitalter der Hexenverfolgung nicht fehlen durften. Mittel gegen fehlende „*Lust und Muth*" der Pferde wurden sicher vor einem auf Täuschung angelegten Verkauf desselben versucht. Aber auch diesen Mitteln kann ich kein Vertrauen schenken, denn die darin enthaltene berühmte spanische Fliege hat in keinem Fall der Anwendung helfen können.

Mehr Vertrauen konnten die Pferdehalter dem knapp hundert Jahre später an der „*Roßarzeney-Schule*" zu Hannover vermittelten Wissen schenken. Dort befasste man sich u. a. ausführlich mit förderlichen Themen, wie etwa dem qualifizierten Hufbeschlag. Außerdem wurde erstmals auf wissenschaftliche Weise vorgegangen, denn die Ausbildung fußte auf genauer Kenntnis der Anatomie der Pferde. Zu diesem Zweck erging 1778 der Befehl König Georg III, dass *„verreckte Pferde"* an die Schule zu liefern seien, damit dort Sektionen vorgenommen werden könnten. Dies wiederum war den Abdeckern, Schindern oder Scharfrichtern nicht recht, denen dadurch ein Teil der Einnahmen entgehen konnte. Auch Kirchenmänner und Laien standen der Anatomie entgegen, die als unschicklicher Eingriff in die Schöpfung galt. Die Regierung unternahm jedoch alles, um diese Vorurteile unwirksam zu machen.[33]

In Hannover zeigte sich die Abkehr von alchemistischer Quacksalberei in der Tierheilkunde. Im Rahmen der Aufklärung suchte man rationaler begründetes Wissen. In der Fachliteratur Anfang des 19. Jahrhunderts wurde dies deutlich. So sind z. B. Inhaltsverzeichnisse einschlägiger Werke, die damals erschienen und auch gelesen wurden, systematisch angelegt. Ein derartiges Werk ist Ehrenfried von Reizensteins *„Vollkommener Pferdekenner ..."*, das mir in der Bearbeitung des Königlich preußischen Rossarztes Carl Wilhelm Ammon in dritter Auflage aus dem Jahr 1805 vorliegt. Aber auch dieses fortschrittliche Buch fußt immer wieder auf Mutmaßungen oder „Erfahrungen", die uns heute merkwürdig vorkommen müssen. Für die Behandlung von Wurmkrankheiten werden diverse Rezepte vorgestellt, darunter auch das *„Chabertsche"* aus Hornspänen destillierte Öl, dessen Herstellung sehr der Alchemie verhaftet ist. Gleichwohl weist der Autor darauf hin, dass keines dieser Rezepte „eine sicheres untrügliches Mittel" ist. Der Milzbrand ist - dem Autor zufolge - bei Pferden nicht ansteckend, wenn nicht zu viele zusammen stehen[*]. Er kann noch keine konkrete Ursache dieser Krankheit nennen und gibt daher allgemeine Schwäche, schlechtes Wasser, Sommerhitze und dergleichen an. Als Heilmittel nennt er Kampfer, Opium, Baldrianwurzel und dergleichen. Alle diese Mittel sind total unwirksam. Erst 1876 erforschte Robert Koch den Milzbranderreger und seine Lebensweise. Da Langenhagen ihn von 1866 bis 1868 als Bürger zählte, soll hier daran erinnert werden. In jedem Fall dauerte es sehr, sehr lange, bis aus ersten Ansätzen der Tierheilkunde fundierte Wissenschaft wurde. Man darf zudem nicht vergessen, wie viel Zeit vergeht, bis ein wirksames Mittel gegen einen erkannten Krankheitserreger verfügbar ist. Milzbrand lässt sich inzwischen bei Menschen durch Antibiotika sowie durch einen erst 2013 zugelassenen Impfstoff bekämpfen.

Wenn man in der dritten Auflage (1862) des Buches „Das Pferd" von Dr. E. Hering, der immerhin Vorstand der „k. württembergischen Thierarzeneischule" war, nachliest, wird man gewahr, dass die anatomischen Kenntnisse deutlich fortgeschrittener waren als das Wissen um geeignete Mittel. Eine nicht aufgrund der Anatomie einzuordnende Krankheit, wie den Milzbrand, wird man darin nicht finden. Auch zur Behandlung von Wurmkrankheiten konnte er nur Abführmittel empfehlen. Zur Behandlung einer Lungenentzündung nannte Hering Aderlass und Einreiben mit einer Salbe von spanischen Fliegen[*]. Das blieb weiterhin auf dem Stand des „Hausvaters" Becher aus dem 17. Jahrhundert. Dennoch darf man die ver-

---

[*] Eine Käferart, die sich mit dem hochgiftigen Cantharidin gegen Fressfeinde schützt. Der Giftstoff führt u. a. zu Blasen auf der Haut.

besserten Kenntnisse in der Anatomie nicht verkennen. Sie führten zu sinnvollen Empfehlungen, insbesondere zur Pflege und Erhaltung des Bewegungsapparates der Pferde.

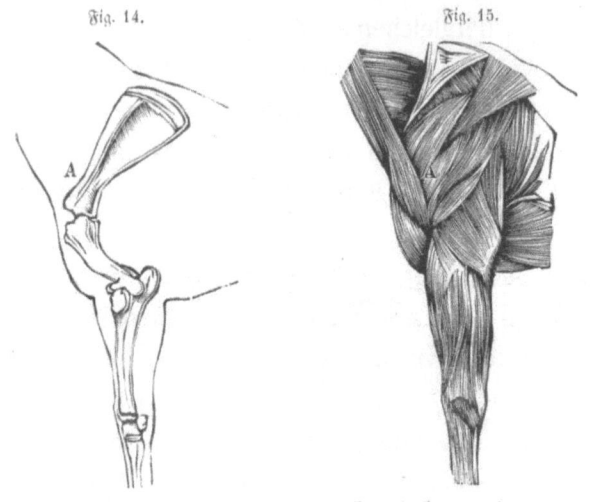

Abbildung zur Anatomie aus dem im Text erwähnten Buch

Viele Erkrankungen der Pferde sind auf schlechtes oder falsch zusammengestelltes Futter zurückzuführen. Deshalb hat das Erfahrungswissen erfahrener Pferdepfleger oder Stallmeister stets seine Bedeutung gehabt. Entsprechend ist die o. a. Warnung vor dem *„schlechten Heu"* aus dem Jahr ohne Sommer (1816) zu werten. Es war sicher eine *„Gefahr für das Vieh"*, speziell für die empfindlicheren Pferde.

Wegen der Bedeutung gesunder Pferde für die Bauern wurden in Langenhagen schon früh Pferdeärzte erwähnt. Helmut Biermann nennt in seiner zweibändigen Kompilation *„Krähenwinkel"* zwei dort ansässige Männer, die auch als Pferdeärzte tätig waren: 1. Lüder (Lüer) Münckell geboren 1587, gestorben 1661, vom Hof Krähenwinkel Nr. 10 (Münkel). Er war Verwalter und im Nebenberuf Pferdearzt, 2. den Bruder des Bauern Heinrich Bösenberg (1686). Für diese Zuschreibungen habe ich bisher allerdings keine Belege gefunden.

Der erste in Langenhagen gemeldete Tiermediziner mit Ausbildung an der hannoverschen „Tierarzeney-Schule" war der Regiments-Pferdearzt Georg Friedrich Eicke. Er bewohnte ursprünglich eine Halbmeierstelle in Vahrenwald in Nähe der Stallungen des dort beheimateten Dragoner-Regiments. Von dort zog er 1817 auf den Vollmeierhof Nr. 2 in der Kircher Bauerschaft und ließ 1827 ein neues zweistöckiges Wohnhaus errichten, das heute noch steht. 1841 erhielt der Tierarzt Adolf Wesenbrink die Konzession zur Ausübung seines Berufs in Langenhagen. Wenig später (1847) wanderte der Tierarzt Kuhlmann aus Langenhagen nach Amerika aus. Im weiteren Verlauf des 19. Jahrhunderts waren immer Tierärzte am Ort tätig, die sich auch mit Pferden befassten. Allerdings kam es Mitte des 20. Jahrhunderts zu zunehmender Spezialisierung. Heute betreiben die meisten Tiermediziner eine Kleintierpraxis und nur wenige Tierärzte befassen sich mit Großtieren, insbesondere Pferden. Darin spiegelt sich auch die rückläufige Zahl der Pferde im Laufe der letzten 100 Jahre.

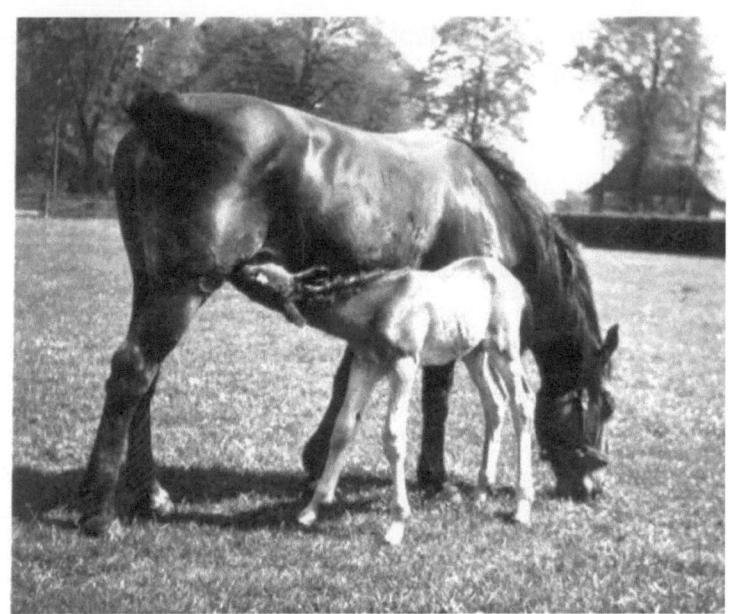

Fanny und ihr Fohlen Prinz 1935 © Familie Engelke

Pferdezucht

Langenhagen war oder ist nicht gerade ein Schwerpunktgebiet der hannoverschen Pferdezucht. Das belegt z. B. eine Erhebung aus dem Jahr 1836. Laut Befehl[34] der *„Königlich Großbritannisch-Hannoverschen Domainen-Cammer"* vom 10. November 1836 waren die zur Zucht tauglichen Stuten zu zählen und binnen 14 Tagen bekannt zu machen. Das Amt meldete:

„Im Amtsbezirk Langenhagen befinden sich 143 zur Zucht taugliche mindestens dreijährige Stuten.
Vogtei Bothfeld: 34 Zuchtstuten, Bemerkung: es werden nur wenige Stuten belegt, weil die schon belegten Stuten nicht gut auf den Mooren gehen können.
Zu Hainholz   1

Vahrenwald   12

List   -

Herrenhausen   4

Stöcken_____47_____

               64 Stück

In der Gohgräfschaft [die übrigen Orte] sind überhaupt nur 45 Mutterpferde über 3 Jahren, jedoch zur Zucht tauglich, vorhanden.

Langenhagen, 19. November 1836

    Kliebe, Hausvoigt & Gohgräfe "

Ganz Calenberg zählte 1816 rund 22.500 Pferde. In den küstennahen Herzogtümern Bremen und Verden wurden auf deren guten Weiden dagegen doppelt so viele Pferde gehalten. Der bis zu den napoleonischen Kriegen so intensive Pferdehandel holte die Tiere deshalb aus weit entfernten Zuchtgebieten, etwa in Schleswig-Holstein. Der „Soldatenkönig" Friedrich Wilhelm von Preußen, der Langenhagen 1735 als Ankaufsort für Remonten empfahl, meinte die hiesigen Rosshändler und nicht die hiesigen Pferde.

Sein Sohn Friedrich II. von Preußen schilderte in seinem Politischen Testament (1768), wie die preußische Kavallerie um 1740 beschaffen war: *Mein Vater hinterließ mir eine schlechte Kavallerie. Fast kein Offizier verstand sein Handwerk. Die Reiter hatten Angst vor ihren Pferden, bestiegen sie fast nie und konnten nur zu Fuß exerzieren, beinahe wie die Infanterie.* Und in seinen zwanzig Jahre früher verfassten „Denkwürdigkeiten des Hauses Brandenburg" schreibt Friedrich ebenfalls sarkastisch: Sie waren *Kolosse auf Elefanten, die weder zu reiten noch zu kämpfen verstanden. Es gab keine Musterung, bei der nicht der eine oder andere Reiter aus Ungeschicklich-*

keit aus dem Sattel fiel. Sie waren nicht Herren ihrer Pferde, und ihre Offiziere hatten keinen Begriff vom Kavalleriedienst, keine Ahnung vom Kriege, kein Verständnis für die Geländebenutzung und weder theoretische noch praktische Kenntnisse in den Manövern, wie sie die Kavallerie an einem Schlachttage auszuführen hat. Man darf vermuten, dass die aufgezeigten Mängel nicht nur in Preußen anzutreffen waren. Es gab zu wenig gute Pferde und zu wenig gute Reiter.

Der Landesfürst in Kurhannover bemühte sich frühzeitig die Mängel der Pferdezucht zu beseitigen. So wurde bereits 1735 das hannoversche Landgestüt in Celle gegründet. Dabei stand nicht nur die Hebung der Pferdezucht für den herrschaftlichen Marstall im Mittelpunkt. Auch die Bauern sollten mit besseren Pferden versorgt werden. Um das richtig zu beurteilen, muss man beachten, dass die weitaus größte Anzahl von Zuchtstuten bei Bauern auf den Höfen stand, um Pflug und

Wagen zu ziehen. Wenn sie ein Fohlen brachten, wurde das entweder für die eigene Nachzucht verwendet oder möglichst früh verkauft, weil es Futter kostete, das man sparen wollte.

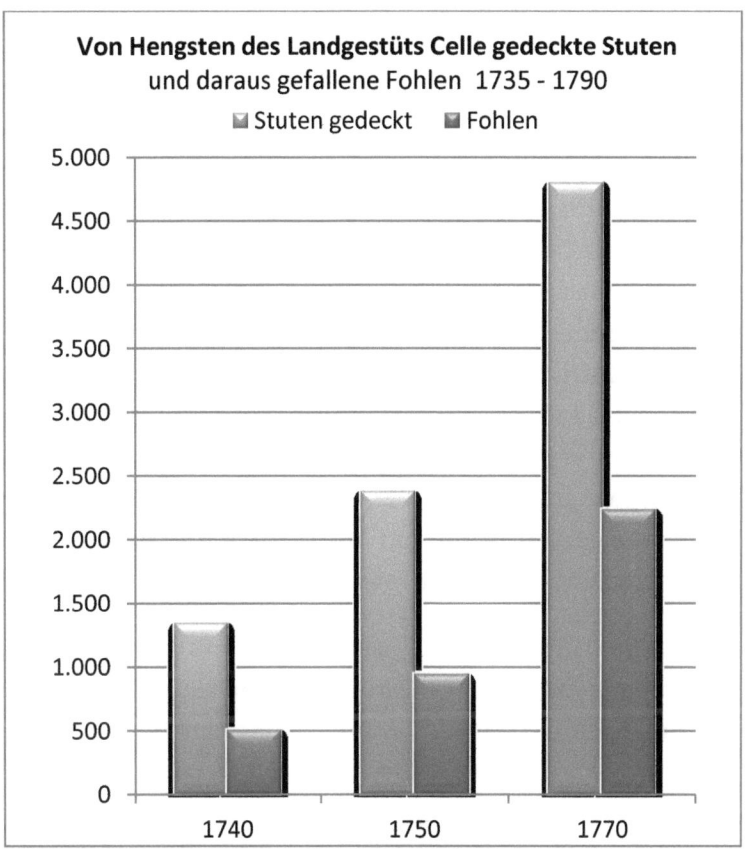

Von Hengsten des Landgestüts Celle gedeckte Stuten und daraus gefallene Fohlen 1735 - 1790

Am Ende des 18. Jahrhunderts standen etwa 30 % der Zuchthengste im Landgestüt. Also waren weiterhin rund 70 % in Privathand. Deren Qualität war höchst unsicher. Dennoch griffen die Behörden in diesem Punkt erst später mittels amtlicher Körung ein. Die Erfolgsquote der Bedeckungen war allgemein ziemlich gering, denn weniger als 50 % der Stuten brachten später ein Fohlen zur Welt.

Durch Erlass der Königlich Großbritannisch-Hannoverschen Landdrostei vom 13. Juli 1824[35] wurden Hengstkörungen erstmals verpflichtend. Alle privat gehaltenen Zuchthengste zum Bedecken fremder Stuten bedurften zukünftig einer Konzession. Diese wurde zunächst unentgeltlich für ein Jahr und für einen Hengst erteilt. Der Hengst musste zuvor von einem konzessionierten oder einem Kavallerie-Regiment angehörigen Tierarzt untersucht werden. Die am Ende erteilte Bescheinigung musste *„das Signalement"* des Hengstes enthalten. Bei der Untersuchung war hauptsächlich auf die Gesundheit der Hengste und einen für die Arbeit des Landmanns angemessenen Bau Rücksicht zu nehmen. Der Tierarzt erhielt für das begründete Gutachten 1 Reichstaler, bei negativem Bescheid jedoch nur 8 Gutegroschen. Der Besitzer des Hengstes durfte keine höhere Deckgebühr verlangen, als sie im Landgestüt angesetzt wurde. Die Benutzung von Hengsten ohne Konzession wurde mit 10 Talern Strafe geahndet. Bei Wiederholung verschärfte man die Gebühr.

Am 1. Juli 1836 bat man seitens der Königlich Großbritannisch-Hannoverschen Landdrostei um Bericht, ob obige Bestimmungen eingehalten wurden. Amtsschreiber Groschupt aus Langenhagen schickte den Brief als Zirkular an die *„Herren Vogtei Bediente"* und konnte anschließend die Fehlanzeige melden: *„Im ganzen Amt sind keine Hengste zum Bedecken von Stuten vorhanden."* Das ist heute kaum anders. Nur das Gestüt Evershorst hält einen Zuchthengst.

Der obige Erlass der Landdrostei wurde am 9. Mai 1844 modernisiert und als Verordnung veröffentlicht. Nun wurde eine Körungs-Kommission zur Beurteilung der Hengste eingesetzt. Sie bestand aus einem großen Pferdezüchter des jeweiligen

Bezirks, ein oder zwei mit der Pferdezucht bekannten Landwirten, einem hannoverschen Kavallerie-Offizier und einem beigeordneten Tierarzt. Das Umherziehen mit Hengsten zum Decken von Stuten wurde ab dem 1. Januar 1845 verboten. Die Strafen betrugen 10 Reichstaler, bei Wiederholung 20 Reichstaler. Damit die Behörden davon Kenntnis erhielten, wurde die Hälfte davon für den Denunziant ausgelobt.

Im 19. Jahrhundert standen mehr und mehr Vollbluthengste zur Verfügung. 1837 deckten zehn Hengste 535 Stuten, die dann 395 Fohlen brachten. Ein Jahr später hatten sich die Zahlen fast verdoppelt. Entsprechend entwickelte sich der Bestand an *„Race-Stuten"*. 1835 zählte man in allen Bezirken 1773 Stück, von denen 183 von englischen Vollbluthengsten und 37 von orientalischen Hengsten abstammten.

Die Königliche Landwirtschafts-Gesellschaft[36] bemühte sich besonders um Besserung der Zucht durch Preis-Rennen und Prämien für Zuchterfolge. Am 6. Mai des Jahres 1835 bat man die örtlichen Behörden um Verbreitung von *„Hinweisen auf das diesjährige Preis-Rennen auf der Bahn zu Celle und die gleichzeitige Thierschau sowie die für dieses Jahr ausgesetzten Prämien."*.

In einem *„Circular an die Bauermeister im Amt Langenhagen"* verwies die Gesellschaft 1852 auf Prämien für die Pferdezucht: *„Im Rahmen der Pferde- und Rindvieh-Schau in Celle am 8. September 1852 werden zur Schau gestellte Pferde prämiert:*

1. Zugpferde für den landwirtschaftlichen Gebrauch (Ackerpferde) Prämie 2 x 25 Rthl und 7 x 15 Rthl

2. Wagenpferde für angestrengten Gebrauch in schnellem Gange, Prämie 2 x 20 Rthl und 5 x 15 Rthl

3. Wagenpferde mit besonderer Eleganz (Kutschpferde), Prämie 2 x 25 Rthl und 7 x 15 Rthl

4. Reitpferde mit Rücksicht auf schweres Gewicht (schweres Kavalleriepferd), Prämie 2 x 25 Rthl und 7 x 15 Rthl

5. Reitpferde mit Rücksicht auf leichtes Gewicht (leichtes Kavalleriepferd), Prämie 2 x 20 Rthl und 7 x 15 Rthl

Celle, den 9. Juli 1852

F. v. Spörcken Ober=Landstallmeister"

Außer Prämien verteilte man Druckschriften mit Ratschlägen zur Pferdezucht an die Pferdebesitzer. Dabei war das Domänenamt aktiv. Zudem gab es Maßnahmen seitens der Landwirtschaftlichen Vereine. So schrieb der Vorstand des *„Landwirthschaftlichen Provincial Vereins"* am 12. Juli 1840 an den *„Local Verein für Landwirtschaft"* zu Langenhagen. Man wies auf die Schrift des oben erwähnten Rittmeisters von Hassell *„Ratschläge für die bäuerlichen Pferdezüchter des Land-drosteibezirks Hannover zur besseren Benutzung ihrer Pferdezucht"* hin. Diese Schrift sollte an die Pferdezüchter im Bezirk verteilt werden. Entsprechend kümmerte man sich um besseren Hufbeschlag, was schon seit längerem Anliegen der *„Thierarzeney-Schule"* in Hannover war. Bekanntmachung der Hannoverschen Landdrostei zur Förderung des Hufbeschlags vom 3. Dezember 1852:

„Kurs für Schmiede 2-3 Stunden wöchentlich über 3 Monate in der Königlichen Thierarzeneischule, Teilnahme kostenlos. Zugelassene Schmiede können gegen 2 ½ Rthl an den Beschlagmeister der Königlichen Thierarzeneischule an praktischen Übungen teilnehmen und eine Prüfung mit Bescheinigung ablegen. Die Prüfung kann auch ohne den Kurs für 1 Rthl an den Direktor in Praxis und Theorie abgelegt werden."

Nachweis über die von Hengsten des Landgestüts Celle
bedeckten Stuten des Amts Langenhagen

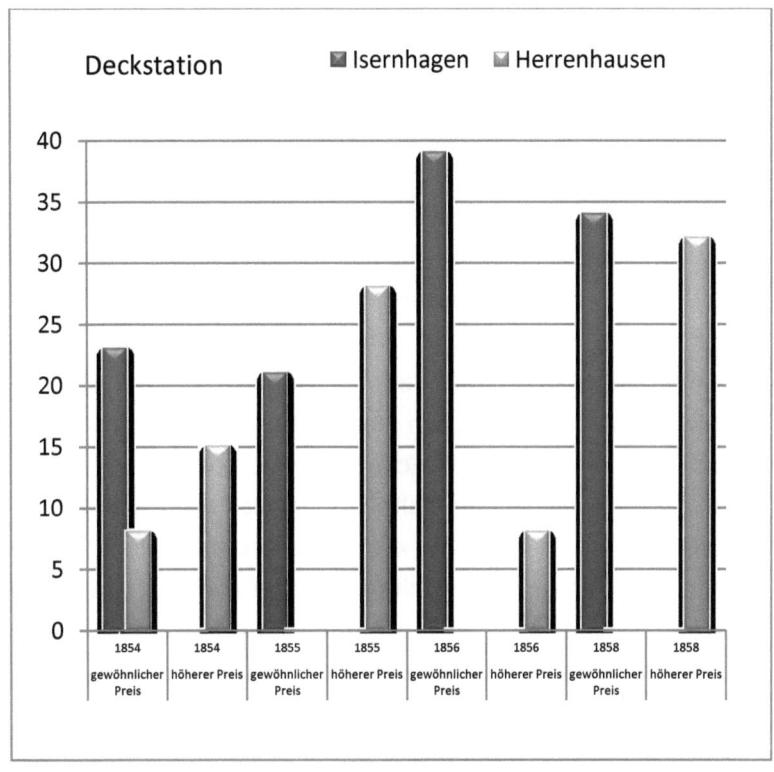

Das Schaubild zeigt deutlich, dass im bäuerlichen Isernhagen Stuten nur zum „gewöhnlichen Preis" gedeckt wurden. Hier ging es in der Zucht nur um Verbesserung der Arbeitspferde für die Bauern der Umgegend. Im feinen Herrenhausen wurden ab 1855 nur noch Stuten zum „höheren Preis" gedeckt. Es kamen dort wertvollere Hengste ggf. Vollbluthengste zum Einsatz. Das Zuchtziel waren gute Reit- und Wagenpferde. Die Zucht mit Vollblutpferden war allerdings relativ kostspielig. Eine Veröffentlichung vom 14. Februar 1844 gab die Deckgebühren des Landgestüts in Celle bekannt, die auch im Amt Langenhagen galten:

„**Vollbluthengste:** 2 Pistolen[*] (= 4,5 Taler) + Vergütung an den Stall 16 ggl, bei Güstbleiben der Stute wird 1 Pistole zurückgegeben". Umfangreiche Bestimmungen über den zu führenden Nachweis (2 unbescholtene Hofbesitzer als Zeugen, Nachweis über Identität der Stute) sollten verhindern, dass dieses Geld unberechtigt zurückgefordert wurde. Die Deckgebühr für gewöhnliche Hengste betrug nur 16 Gutegroschen. Allerdings mussten 2 Taler 8 Gutegroschen nachgezahlt werden, wenn ein Fohlen zur Welt kam. Die gesamte Deckgebühr betrug dann 3 Taler gegenüber dem Dreifachen, das für einen Vollbluthengst bezahlt werden musste. Heute haben sich die Gebühren deutlich weiter entwickelt. Der Natursprung eines zum Fahren geeigneten Kaltbluthengstes kostet z. B. 250,- €. Die Besamung einer Stute mit Gefriersperma eines für Springen und Dressur ausgewählten Hengstes kann bis zu 1.600,- € kosten. Dabei wird aber die Hälfte der Summe erst fällig, wenn ein Fohlen zur Welt kommt. Da ist es bei den Verhältnissen aus dem frühen 19. Jahrhundert geblieben.

---

[*] Die Pistole war eine Goldmünze von knapp 7 Gramm Gewicht. Sie entsprach dem Louisd'or. Ihr Wert galt ursprünglich = fünf Talern.

Alte und neue Verwendungen der Pferde

Im Lauf der Neuzeit veränderte sich die Verwendung von Pferden stärker als in vielen Jahrhunderten zuvor. Reit- und Wagenpferde wurden immer weniger benötigt, weil deren wohlhabende Besitzer sich auch ein Automobil leisten konnten. Wenn sie noch Pferde hielten, stand Sport im Vordergrund. Dabei bestanden erhebliche Unterschiede je nach gesellschaftlicher Schicht und Neigung der Eigentümer. Wegen der hohen Kosten waren Pferde für den Rennsport besonders exklusiv. Weniger betuchte Personen konnten allenfalls über eine gelegentliche Wette am Leben auf der Rennbahn teilhaben. Die verschiedenen anderen Disziplinen im Reitsport fußten stark auf ursprünglich militärischen Zwecken der Arbeit mit Pferden. So galt das preußische Militärreitinstitut als eine Wiege erfolgreichen sportlichen Reitens. Diese Einrichtung wurde 1866 nach der Annexion des Königreichs Hannover in die gleichnamige Stadt verlegt. Um die Jahrhundertwende hatte das Institut eine hervorragende Position bei der Ausbil-

dung sportlicher Reiter, denn die hier über zwei Jahre ge-
schulten Offiziere und Unteroffiziere ritten Reitjagden im
Gelände und alle anderen Formen von Pferderennen. Die
1906 begründete hannoversche Rennbahn auf der „Bult" war
dann das Ziel. Springen und Dressur gehörten ebenfalls zum
Ausbildungsprogramm. Nach dem Ersten Weltkrieg wurde
das Institut aufgelöst. Seine Tradition wurde aber in der neu
gegründeten Kavallerieschule fortgeführt. Das Bild auf Seite
71 zeigt meinen Vater dort während der Pferdepflege im
Rahmen seiner reiterlichen Ausbildung (1938). Zu dieser Zeit
hatte man den ehedem gepflegten unnatürlich steifen Springstil längst abgeschafft, was sicher den Pferden zugutekam.

Postkarte aus dem Jahr 1902. Damals galt in Deutschland noch ein
Springstil als gutes Reiten, bei dem der Reiter
kerzengerade im Sattel saß.

Eine im letzten Jahrhundert sich immer stärker ausprägende historische Entwicklung führte zu stetig größerer Spezialisierung von Pferden und Reitern in den verschiedenen Sportarten. Beim Rennsport (Galopp- und Jagdrennen) begann diese Entwicklung im 18. Jahrhundert mit entsprechenden Fortschritten in der Pferdezucht – zunächst in England, später auch in Deutschland.

Eclipse.

Der englische Fuchshengst Eclipse gilt als Stammvater der Vollblutzucht. Für damalige Verhältnisse groß (1,60 m Stockmaß) wäre er heute eher klein zu nennen. Eclipse lebte von 1764 – 1789.

Auch Langenhagen hat im Gestüt Evershorst eine Tradition als Standort der Zucht von Rennpferden. In der Geschichte dieses Gestüts spiegelt sich die zeitliche Entwicklung der heutigen Pferdezucht und Pferdehaltung wieder. Der historische Halbmeierhof befindet sich ausweislich der ältesten Verzeichnisse im Besitz einer Familie. Er wurde über Jahrhunderte als klassischer Bauernhof bewirtschaftet. In den dreißiger Jahren des vergangenen Jahrhunderts konnte der Besitzer Karl-Heinz Plinke-Buhmann zwei Vollblutstuten vom altehrwürdigen Gestüt Harzburg erwerben. Diese beiden Pferde sowie eine weitere Stute, die sich als Stammmutter besonders bewährte, bildeten die Grundlage einer zielstrebigen und erfolgreichen Zucht von Rennpferden. Nach dem Ende des Zweiten Weltkriegs wurde dieser Betriebszweig auf dem Hof in Evershorst immer mehr ausgebaut. Mit Siegen der Stute „Lustige" bei bedeutenden Rennen im Jahr 1952, darunter bei dem 86. Deutschen Derby, wurde der Ruf des Gestüts besonders gefestigt. In den nächsten Jahren kamen hervorragende Deckhengste in das Gestüt, die sich durch die von ihnen vererbten positiven Eigenschaften auszeichneten. Als derzeit für Evershorst führender Hengst ist der Beschäler „Areion" zu nennen. Ganz aktuell ist die Auszeichnung des in Evershorst gezogenen Hengstes „Iquitos" als Galopper des Jahres 2016. Das Gestüt hat aber nicht nur Bedeutung in der Pferdezucht allgemein. Es ist mit seinen sehr ansprechenden Anlagen ein wichtiger Teil der „Pferdestadt Langenhagen".

Außer Rennpferden gibt es heute eine Fülle an speziell gezüchteten Pferden für andere Sportarten, die alle auch in Langenhagen gepflegt werden. Ein großer Teil der heutigen Pferde wird hauptsächlich aus Freude am Tier als Freizeitpferd gehalten. Ihre in der Regel weiblichen Eigner beanspruchen sie in der Regel nicht übermäßig. Freizeitpferde leiden eher unter Bewegungsmangel, besonders bei Stallhaltung. Als ein Sondergebiet der Verwendung von Pferden hat sich das therapeutische Reiten herausgebildet.

Pferdesportliche Vereine

Hannoverscher Rennverein

Der Hannoversche Rennverein e.V. ist aus dem 1867 gegründeten Verein zur Förderung der Hannoverschen Landes-Pferdezucht hervorgegangen. Die ersten Rennen wurden auf der „Mecklen-Haide" bzw. „Vahrenwalder Haide" - dort nahe am Quartier der Dragoner - ausgetragen. Später ging es auf die „Kleine Bult" bis dort der Kuppelsaal gebaut wurde. Von 1906 bis 1970 fanden die Rennen auf der Bahn „Große Bult" - bzw. heute „Alte Bult" – statt. Doch die Stadt Hannover wollte dort Gewerbe ansiedeln. Die Rennbahn musste verlegt werden, um einen Bauplatz für IBM zu schaffen. Die Ansiedlung ging schief. Statt Pferden laufen dort heute Hunde. Seit 1973 werden die Rennen des Hannoverschen Rennvereins in Langenhagen auf der neuerbauten Rennbahn „Neue Bult" ausgetragen. So kam die Stadt Langenhagen zu neuem Ruhm als Pferdestadt.

Reitvereine in Langenhagen

Reit- Fahr und Voltigierverein Hubertus

In größeren Städten bestanden schon im 19. Jahrhundert reiterliche Vereinigungen, die im Wesentlichen vom wohlhabenden Bürgertum getragen wurden. Nach dem Ersten Weltkrieg wurden sehr viele ländlich geprägte Reitvereine gegründet, in denen Landwirte dominierten. Manche Autoren führen das auf nach dem Krieg zurückgekehrte Kavalleriepferde zurück, die als Ersatz für verloren gegangene Arbeitspferde abgegeben wurden. Mit diesen zum Teil rittigen Pferden konnte im Verein gearbeitet werden, wenn sie nicht auf dem Acker gebraucht wurden. M. E. waren aus dem Krieg heimgekehrte Kavalleristen mindestens ebenso wichtig, denn sie konnten junge Reiter nach dem Muster ihrer eigenen Ausbildung schulen. Der Verein „Hubertus" zielte in seiner Satzung speziell auf junge Landwirte, so wie das auch in vielen anderen Vereinen auf dem Lande der Fall war.

Zum fünfzigjährigen Besten dieses Vereins hat Erne von Werder 1977 eine interessante Chronik verfasst, an der ich mich in der folgenden Beschreibung der Vereinsgeschichte orientiere. Der Verein wurde am 26. Juni 1927 in der Gastwirtschaft Engelke in Gailhof von ehemaligen Mitgliedern des Reitervereins Isernhagen und anderen Pferdefreunden gegründet. Die damalige Satzung mutet heute etwas fremd an. Sie ist eben ein Spiegel der Zeit, die man auf dieser Grundlage besser verstehen kann:

§ 1 [Auszug]

Der Name des Vereins ist: „Reit- und Fahrverein HUBERTUS für das alte Amt Bissendorf und Langenhagen e. V."

---

§ 2 [Auszug]

Zweck des Vereins ist: Die jungen Landwirte sollen durch Leibesübungen sowie durch sportliche Wettkämpfe körperlich und moralisch ertüchtigt werden und zu beherzten energischen Männern erzogen werden.

§ 6 [Auszug]

Die aktiven Mitglieder sollen sich mit Stolz bewußt sein und bleiben, einem hannoverschen Reiterverein anzugehören und müssen bestrebt sein, denselben durch sportliche Leistungen im Reiten bzw. Fahren in seinem Ansehen im Landesverband zu heben und durch gesittetes anständiges Benehmen sich würdig zeigen. In der Öffentlichkeit müssen die Reiter stets angenehm auffallen, sollen sauber im Anzug, höflich im Umgang und bescheiden älteren Personen gegenüber sein.

Aus heutiger Sicht fällt auf, dass sich der Verein anscheinend ausschließlich den jungen Landwirten zuwendete. Wenn man jedoch die von Fritz Reßmeier geleitete Voltigier-Abteilung ansieht, sind Mädchen stärker vertreten. Das hat sich bis heute erhalten. Die Zahl der damals noch seltenen so genannten „Amazonen" hat inzwischen die Zahl männlicher Reiter bei weitem übertroffen.

Die Gründungsversammlung wurde vom Kaltenweider Landwirt August Gosewisch und Herrn Ritter und Edler v. Xylander geleitet. Wegen der Größe des Gebietes teilte man den Verein von Anfang an in die beiden Abteilungen Nord und Süd. Zu der Abteilung Süd, dem heutigen Reiterverein HUBERTUS gehörten die alten Ortschaften Langenhagen, Krähenwinkel, Kaltenweide, Bissendorf, Wennebostel, Gailhof, Mellendorf, Hellendorf, Scherenbostel, Wiechendorf und Schlage. Als ersten Vorsitzenden für beide Abteilungen wählte die Versammlung Herrn Ritter und Edler von Xylander vom Gut Bothmer. Erster Vorsitzender der Abt. Süd wurde August Gosewisch aus Kaltenweide, erster Vorsitzender der Abteilung Nord wurde Fritz Harke aus Oegenbostel.

Bald nach der ersten Versammlung wurde mit der Arbeit begonnen. Auf dem neu angelegten Reitplatz im Kiebitzkrug wurden die ersten Aktiven:

Heinrich Schaumann	August Dangers,
August Gosewisch und	Heinrich Dangers
Heinz Gosewisch (Söhne des	Friedrich Schneehage, jun.
Gründers)	Wilhelm Nutzhorn
Friedhelm Ehlvers, jun.	Heinrich Grethe
Heinrich Dusche, jun.	Heinrich Schmidt

Erne von Werder berichtete dazu: *„Nach kurzer Zeit kamen die Reiter Georg Bestenbroer jun., Hermann Schmidt, Alfred Reßmeyer und Wilhelm Schmalgemeyer hinzu. Der Reitunterricht fand an jedem Sonntagmorgen statt, es wurde grundsätzlich in Abteilungen geritten. Da man damals weder über Auto noch Pferdetransporter verfugte, war es selbstverständlich, dass die jungen Reiter zum Unterricht geritten kamen. Rosemarie Richter, geb. Weyrich, und Hans-Joachim Jagau, die etwas später hinzukamen, erzählten, dass der Anmarsch oft viel Angstschweiß gekostet habe, und es wäre mehr als einmal vorgekommen, dass die Pferde eher wieder zu Hause waren als die Reiter. Die allsonntäglichen Unterrichtsstunden nahmen die Väter zum Anlass für Kritik und Lob an der Reitkunst ihrer Söhne. Sie standen meistens am Rande des Reitplatzes und fachsimpelten, aber ein Bügeltrunk im Stammlokal bei „Mariachen" wurde auch nicht verachtet."*

Dass die später mit dem Tierarzt Dr. Richter verheiratete Rosemarie Weyrich und mein Vater nicht gleich dabei waren, hat einen einfachen Grund: sie mussten erst beim Voltigieren Grundlagen für die Reitkunst kennen lernen, z. B. in der Bewegung des Pferdes. Außerdem waren sie im Juni 1927 noch zu jung. Mein damals nicht ganz acht Jahre alter Vater begann mit zehn Jahren zu voltigieren.

Die Voltigiergruppe war 1929 von Fritz Reßmeyer — als 2. Voltigiergruppe in Deutschland überhaupt — ins Leben geru-

fen worden. Nicht nur die Reiter des Vereins, sondern auch die lange Zeit international führenden Voltigierer haben inzwischen eine lange Tradition. Die erste Gruppe (s. Fotografie) bestand aus: Elisabeth Biester (Müller), Erna Thiemig (Holste), Annelotte Schmalgemeyer, Rosemarie Weyrich (Richter), Wilhelm Schmalgemeyer, Hans-Joachim Jagau, Ernst Jagau, Friedel Schmidt und Kurt Schmidt.

Mein Vater war allerdings nicht nur beim Voltigieren auf dem Pferd. Unter Anleitung des altgedienten Kavalleristen Oskar Thiemig durfte er auf dem Hof und im Gelände zur Wietze hin seine Sporen verdienen. Das umseitige Foto, etwa aus derselben Zeit wie obige Gruppenaufnahme, zeigt ihn frohgemut vor einem Ausritt mit seinem erfahrenen Reitlehrer Oskar Thiemig.

Erne von Werder beschrieb in ihrer Vereinschronik einige Aspekte der Jahre nach dem 30. Januar 1933, der sogenannten „Machtergreifung" durch die Nazis. Ich entnehme die folgende Passage:

„Der Bericht, den Herr v. Plate, der Vorsitzende der Hannoverschen Warmblutzüchter, im Juni 1933 im „Hannoverschen Pferd" veröffentlichte, spricht für sich:

»Nach den in früheren Jahren in Dortmund errungenen Siegen in den Reichswettkämpfen hat nun Hannover auch den in Berlin-Döberitz ausgetragenen Reichswettkampf gewonnen! Nicht nur gewonnen in einem von 21 deutschen Ländern und Provinzen bestrittenen heißen Kampf, sondern gesiegt in einem eindrucksvollen Stile, der sobald nicht von einer Mannschaft ländlicher Reiter überboten wird! Was unsere Reiter, deren Einzelleistungen einander vollkommen gleich waren, im reiterlichen Wettbewerb, in Sitz, in Haltung und in ihrem ganzen Auftreten während der Berliner Tage gezeigt haben, hat ungeteilte Anerkennung und Bewunderung gefunden.«

Noch einmal schnitten die „HUBERTUS-Reiter" beim nationalen Turnier in Verden im Juli 1934 glänzend ab, dann setzten die uns allen weithin bekannten politischen Verhältnisse dem Vereinsleben ein jähes Ende. Im Jahre 1934 wurden alle Reitervereine aufgelöst und in die Reiter-SA übernommen."

So oder ähnlich beschrieben und beschreiben viele Reitvereine ihre „Gleichschaltung" im „Dritten Reich". Beim 1926 gegründeten Reit- und Fahrverein Engelbostel findet man: *„1934 oder 1935 erfolgte die Auflösung des Vereins und Eingliederung in die Reiter S.A. Staffel."* Diese Versionen sind aus der Warte der Zeit nach 1945 verständlich, geben aber ein schiefes Bild. Unbefangene heutige Leser könnten den Eindruck gewinnen, dass die „Nazis" den betroffenen Vereinen ihre Herrschaft gewaltsam aufdrückten. Das trifft für Sportvereine, die der SPD oder den Kommunisten zugeordnet wurden, sicher zu. Bei den ländlichen Reitervereinen bestand aber bei vielen Mitgliedern eine durchaus positive Haltung zum „Dritten Reich" und der dahinter stehenden „Bewegung". Schon 1930 begann die SA „Reiterstürme" aufzustellen, die dann später als Reiter SA firmierten. Im Zuge dieser Entwicklung näherte sich die SA Pferdezuchtbetrieben und reiterlichen Vereinigungen an. Gleiches geschah aber auch von der anderen Seite. Je deutlicher die NSDAP an die Macht kam, desto mehr ländliche Reiter schlossen sich ihren Reiterformationen an. Dabei blieb der SA nach dem sogenannten „Röhm-Putsch" 1934 nur die Rolle im Pferdezuchtprogramm und bei der vormilitärischen Ausbildung der Mitglieder, während die Reiter SS das sportliche Reiten übernahm. 1936 wur-

de die Reiter SA dem nationalsozialistischen Reiterkorps an-
gegliedert.[37] Zuvor war die Zuordnung – wie vieles in der Or-
ganisation des „Dritten Reichs" – unklar und wechselhaft.
Insgesamt wird von heutigen Sporthistorikern eher von einer
„freiwilligen Gleichschaltung" der Sportvereine gesprochen,
die sich, sofern die Unterlagen in den Vereinen nicht verloren
gegangen sind, vielfach belegen lässt. Eine gesetzliche Grundlage für die Überführung in NS-Organisationen fehlte ohnehin. Allerdings ersetzte man in den Satzungen von – auch neu
gegründeten – Vereinen das Wort Vorsitzender durch „Führer", die Vereinsmitglieder nannte man „Gefolgschaft", um
dem Führerprinzip auch hier Geltung zu verschaffen.[38] Miss-
liebige und zugleich größere Vereine wurden allerdings aufgelöst. Die übrigen folgten in der Regel dem Zug der Zeit.

„Der Führer der Reiterschule Hannover und der Reiterstandarte 61,
Obersturmbannführer Meier, Deutschlands bester Geländereiter
1937" Archivbild, herausgegeben von der SA-Gruppe Hannover. Die
Aufnahme wurde auf dem Gelände der ehemaligen Kavallerieschule
gemacht. Hier interessiert auch der Sitz des Reiters, der deutlich von
dem Postkartenbild aus dem Jahr 1902 abweicht.

Dass der „*Reit- und Fahrverein HUBERTUS für das alte Amt Bissendorf und Langenhagen e. V.*" nicht von der Reiter SA übernommen wurde, kann man der unten stehenden Abbildung entnehmen. Dort treten der noch bestehende Verein, der gleichnamige SA-Reitersturm und die Ortsgruppe der NSDAP anscheinend einträchtig als Veranstalter des Erntedankfestes im Oktober 1933 auf, das mit großen Reit- Fahr- und Wehrsportwettkämpfen verbunden sein sollte.

Erntedankfest
verbunden mit großen Reit-, Fahr- und Wehrsportwettkämpfen
veranstaltet vom
Reiterverein Hubertus, Langenhagen-Bissendorf
SA-Reitersturm Hubertus 24/215
Ortsgruppe Langenhagen der NSDAP.

in Langenhagen, Festplatz Reuterdamm

Festfolge:
Sonnabend, den 7. Oktober 1933:

9 Uhr: Reiterliche Wettkämpfe (große Geländeritte, Dressurprüfungen, Jagdspringen)
19 Uhr: Gemeinsame Vesper
Zapfenstreich

Sonntag, den 8. Oktober 1933:

7 Uhr: Großes Wecken
8 Uhr: Feldgottesdienst auf dem Festplatz (bei ungünstigem Wetter im Zelt)
12 Uhr: Festzug (vom Sportplatz aus)
14 Uhr: Reiterliche Wettkämpfe, Schaunummern
19 Uhr: Preisverteilung
Deutscher Tanz
Großes NS-Feuerwerk

An beiden Tagen spielt der Musikzug (50 Mann) des Sturmbannes z. b. V. Ortsgruppe Hannover

Die Festleitung.

Monatsbote für die ev. Kirchengemeinde
aus: Langenhagen von 1933 – 1945 (HAZ)

Der Prozess der „Gleichschaltung" verlief über längere Zeit und wesentlich subtiler. Nele Maya Fahnenbruck hat dies ausführlich für den Hamburger Pferdesport untersucht.[39] Sie schreibt: *„1936 hatte die SA durch einen Erlass Hitlers das „Nationalsozialistische Reiterkorps" (NSRK) ins Leben gerufen, dessen Zweck eine „einheitliche Ausbildung im Reiten und Fahren vor der [Militär]Dienstzeit" sein sollte. Alle 18-20-jährigen männlichen Reiter (die Mitglieder in einem ländlichen Reitverein waren) mussten dem NSRK angehören, wenn sie für die vormilitärische Ausbildung im Reiten und Fahren in Frage kamen bzw. den „Reiterschein" erwerben wollten, der Voraussetzung für den Eintritt in die Wehrmacht war. Für die gesamte Reit- und Fahrausbildung innerhalb des NSRK war die SA verantwortlich. Mit Hilfe des NSRK konnte die SA somit die Reitvereine dominieren, Mitglieder rekrutieren und entsprechenden Zuwachs (vor allem von Reitern der ländlichen Vereine) verzeichnen."* Es liegt nahe, dass ländliche Reitervereine allgemein in ihren veröffentlichten Chroniken verkürzend von Übernahme des Vereins durch die SA ausgehen. Dabei werden jeweils individuell Daten zwischen 1933 und 1938 genannt. Man gerät auf diese Weise eher in die Rolle eines Opfers des NS-Regimes und kann nicht so leicht als Mitläufer angeprangert werden.

Im Verlauf des Zweiten Weltkriegs erlagen alle reiterlichen Aktivitäten dem Pferdemangel, denn alles was brauchbar und in der Landwirtschaft halbwegs entbehrlich war, wurde eingezogen. Die unmittelbare Nachkriegszeit beschrieb Erne von Werder recht eindrucksvoll: *„Nach Kriegsende hatten die ehemaligen Vereinsmitglieder andere Sorgen, als sich um ihren Reiterverein zu kümmern. Aber 1947 fanden sich doch einige Pferdefreunde, die den Reiterverein „HUBERTUS" wieder zum*

Leben erwecken wollten. Die Lage war jedoch denkbar schlecht. Es fanden sich nicht genug Mitglieder, es gab keine Pferde und es fehlte ein Platz, der nicht zur Erhaltung des Lebensunterhaltes benötigt wurde. Ja, es mangelte am Allernötigsten — wer konnte da an Reiten denken? Wo waren auch unsere Hannoveraner Pferde? Und doch! Am 27. September 1947 wurde der Verein neu gegründet und am 29. 1. 1948 beim Amtsgericht Hannover registriert.

16 Gründer hatten sich bei der Neugründung mit ihrer Unterschrift vom 27. 9. 1947 ihrer selbst gegebenen Satzung unterworfen. Es waren dies in der Reihenfolge der Unterschriften: Alfred Lindinger — Konrad Kelle — Hans Stoll — Gerd-Lutz Schott — Fritz Kelle — Heinrich Schmidt — Cord Reßmeyer — Horst Deppe — Heinrich Grethe — Waldemar Heyne — Otto Hannemann — Wilhelm [recte: Hans-Joachim] Jagau — Heinrich Helms — Wilhelm Bührmann — Heinrich-Wilhelm Theissen — und Fritz Laube. Am wichtigsten und wiederum kennzeichnend für die Arbeit des Vereins erscheint mir aus dieser Satzung der § 2, der nur diesen Satz enthält: „Der Verein hält sich jeglicher Politik fern."

Der Verein hatte bald die stolze Zahl von 126 Mitgliedern, wovon nur 26 aktive Reiter waren. Für sie gelang es, einen Reitlehrer zu finden, der sich zunächst bereit erklärte, auf ein Honorar zu verzichten. Im Brief vom 25.8.1948 an Reitlehrer Engel kann man lesen: „Obwohl Sie laut Protokoll der außerordentlichen Mitgliederversammlung vom 13. 12. 1947 ausdrücklich auf ein Honorar verzichtet haben gegen Unterstützung durch die Väter der aktiven Mitglieder mit etwas Milch, Kartoffeln usw. ...." So war also die Lage etwa bis zur Währungsreform!"

In der Folge nahmen die aktiven Reiter durchaus erfolgreich an ersten Turnieren teil. Ein eigenes Turnier wagten die Mitglieder 1949. Ebenso eine Hubertusjagd über die Erne von Werder so berichtete: *„Schon 1949 ließ man die alte Jagdtradition wieder aufleben. In fast ununterbrochener Folge lädt der Verein seit dieser Zeit alljährlich im Oktober/November zu seiner „Hubertus-Jagd" ein. Eine der schönsten Jagden soll die des Jahres 1951 gewesen sein. 1951 war auch das Jahr, in dem der Verein sich schon soweit erholt hatte, daß er sich ein Voltigierpferd leisten konnte, das vom Circus Krone gekauft wurde. Fritz Reßmeyer, der die Sparte schon vor dem Krieg geleitet hatte, nahm die Arbeit unter dem Motto „Turnen am lebenden Pferd" wieder auf."* Bei einer der ersten Jagden stand ich unter Aufsicht unserer Mutter nahe der Wietze um den Vater auf dem Pferd zu sehen. Das musste dann aber aus wirtschaftlichen Gründen verkauft werden. Damit endete die Reittradition in unserer Familie. Die Pferdezucht brachte viel später wieder Reitpferde auf den Hof.

Die nächsten Jahre brachten für diesen Verein – wie für so viele andere – sportliche Erfolge, aber auch die damals häufigen Sorgen. Frau von Werder schrieb dazu: *„Es ging also wieder bergauf. Aber trotzdem lassen sich die Sorgen um einen geeigneten Übungsplatz, Vereinspferde und deren Unterhaltung, Sattelzeug und vieles andere mehr nicht überdecken."* Im weiteren Text ihrer Chronik verzeichnet sie: *„Beim Mannschaftswettbewerb in Hannover siegte die von Horst Deppe trainierte „HUBERTUS"-Mannschaft vor 21 anderen Vereinen. 1953 holte sich HUBERTUS außerdem 14 Einzelsiege, 12 zweite und 18 dritte Plätze. Auch die Voltigiergruppe hatte große Erfolge. 1954 war ein ähnlich erfolgreiches Jahr. Es seien nur die drei Turniere erwähnt, bei denen die „HUBERTUS"-Reiter überall vorn waren. Horst Deppe siegte in Isernhagen. Unsere*

Jugendmannschaft mit den Teilnehmern I. Rosemüller, D. Holste, Fr. Engelke jun., H. Hußmann und Fr. Schnehage holte sich in Hänigsen den Mannschaftssieg. In Hannover siegten Sybille Rehmer, Ingrid Rosemüller, Claus-Dieter Bode und Friedel Schnehage beim Mannschaftswettbewerb der Jugendlichen. Reitlehrer Horst Deppe schließlich gewann die L-Dressur und holte sich den Landessieg." Mit der Reiterei vertraute Langenhagener werden einige dieser damals jungen Reiter noch kennen. Die Nachkommen des damals achtzehnjährigen Fritz Engelke sind heute wichtige Personen im hiesigen Reitsport.

Fritz Engelke auf Johannisfeuer

Die Frage eines geeigneten Übungsplatzes war immer dringend. Man hatte zwar in der Nähe zur Flur „Im blanken Moor" einen Reitplatz mit verschiedenen Geländehindernissen – etwa „Pulvermanns Grab" – eingerichtet, der Platz war jedoch recht klein. Heute erinnert dort eine GLIEM-Tafel an den früheren Reitbetrieb.

Nach vielen in der Chronik des Reit- Fahr- und Voltigiervereins Hubertus gemeldeten und gemeinsam errungenen Erfolgen kam es zu folgender Mitteilung des damaligen Vorsitzenden Heinrich Seguin in der Hubertus-Information Nr. 1/1972: *„Etwa 30—40 Mitglieder einschl. der Jugendlichen und Kinder, die den Reitsport bisher vorwiegend unter der Leitung des stellvertretenden Vorsitzenden Horst Deppe, Langenhagen, ausübten, traten aus und gründeten einen neuen Verein. So sehr der Vorstand die Absplitterung bedauert, so sehr begrüßt er jede Initiative, die zur Ausdehnung und Besserstellung des Reitsportes führt In diesem Sinne wünschen wir dem neuen Reiterverein Langenhagen alles Gute, in der Hoffnung auf eine enge nachbarschaftliche Zusammenarbeit."*

Reiter des Vereins „Hubertus"
bei der Landesmeisterschaft 1963 in Luhmühlen

1974 bestanden in der durch die Gebietsreform bedeutend vergrößerten Stadt Langenhagen schon drei pferdesportliche

Vereine. Der älteste war der 1926 gegründete „Reit-und Fahrverein Engelbostel e.V.", 1927 folgte wie beschrieben „Hubertus", aus dem 1972 der RVL − „Reiterverein Langenhagen" hervorging. Auch früher bei „Hubertus" aktive Vielseitigkeitsreiter machten sich selbständig. Im Februar 1989 wurde der "Verein zur Förderung des Vielseitigkeitssports" gegründet, der später in "Verein für Vielseitigkeitsreiter" umbenannt wurde. Dieser Verein glänzt durch wunderschöne Anlagen auf dem Hof Münkel in Twenge sowie seine hervorragend besetzten Turniere.

Mit dem Niedersächsischen Polo-Club e. V. am Standort Maspe wurde 1991 ein weiterer, bedeutender reitsportlicher Verein in Langenhagen gegründet. Auch in Maspe fanden und finden gut besuchte, international besetzte Turniere statt. Jüngstes Mitglied der lokalen pferdesportlichen Vereinsfamilie ist der Reit- und Polocrosse Verein Kananohe e. V. mit Sitz auf dem Reiterhof Breschke in Kananohe.

Heutige wirtschaftliche Bedeutung der Pferde

Der allgemeine Wohlstand in Deutschland zeigt sich auch in der Zahl der für Sport und Freizeitgestaltung gehaltenen Pferde. Auf dem Gebiet der Stadt standen vor einigen Jahren laut Pferdestärken Magazin 01/10 rund 1000 Pferde. Im 18. Jahrhundert wurden solche Zahlen nur im Handel erreicht. Auf den Höfen waren wesentlich weniger Pferde im Stall. Hiesige Vollmeierhöfe verfügten bis weit in das 19. Jahrhundert hinein nur über zwei Arbeitspferde. Kaltenweide war mit 77 Pferden im Jahr 1831 der Ort mit dem größten Bestand. Heute gehen allein auf dem dortigen Kiebitzhof weitaus mehr auf die Weiden. Ähnlich wie dieser Hof bieten viele andere Betriebe in Langenhagen die Möglichkeit, Pferde artgerecht einzustellen und zu versorgen, so dass auch Personen aus urbanen Lebenszusammenhängen Pferde besitzen können. Außer bei den verschiedenen Reitvereinen, die teilweise selbst oder auch in angrenzenden Betrieben Stallplätze anbieten können, finden Interessierte in Langenhagen zahlreiche Einstellmöglichkeiten für ihre Pferde. Für Rennpferde bestehen Angebote auf der Rennbahn oder im bekannten Gestüt Evershorst. Angesichts der genannten großen Zahl der Pferde können Kundige leicht ermessen, welcher wirtschaftliche Wert der Pferdehaltung in Langenhagen heute zukommt. Denn wie vor Jahrhunderten ist diese auch heute nicht billig zu haben.

Bildnachweis

Alle Abbildungen und Grafiken sind – soweit nicht anders vermerkt – Eigentum des Verfassers

Inhaltsverzeichnis

Quellenverzeichnis

[1] NLA HA: Hann. 74 Hannover Langenhagen Nr. 178 - Kopfsteuer und Schatzbeschreibungen

[2] NLA HA: Hann. 74 Hannover-Langenhagen Nr. 60 - Untersuchungen wegen ausgebliebener, verweigerter, nicht gehörig geleisteter Fuhren

[3] NLA Cal. Br. 16 Nr. 875 Seite 25 –Bittbrief sämtlicher Eingesessenen des Amts Langenhagen 1634

[4] NLA Cal. Br. 2 Nr. 1381 - Bittbrief sämtlicher Eingesessenen des Amts Langenhagen 1642

[5] NLA Celle Br. 88 Nr. 236 -

[6] Hans-Jürgen Jagau, Fehden im 16. Jahrhundert – Geiselnahme, Brandstiftung, Pferdemord - , BoD, 2015

[7] NLA Hann. 74 Hannover-Langenhagen Nr. 763 – Rechtsverhältnisse der Bauerngüter 1830

[8] NLA Hann. 74 Hannover-Langenhagen Nr. 4 - Jagtgerechtigkeit undt Weidewergk - 1620

[9] NLA Cal. Br. 2 Nr. 1373 – Jagdrechte der Vogtei Langenhagen - 1588

[10] NLA Cal Br. 2 Nr. 1374 - Der sämtlichen Eingesessenen der Voigtey Langenhagen Beschwerde, daß sie mit ganz ungewöhnlichen Jagddiensten von ihren Beamten beleget würden - 1669

[11] NLA HA: Hann. 74 Hannover Langenhagen Nr. 226 - Die von den Dienstpflichtigen behuf der Herrschaftlichen Moorverwaltung geleisteten Dienste für Geld (im Amte Langenhagen), auch über die fernere Verpflichtung dazu in neuesten Zeiten entstandenen Fragen, Differenzen und Weigerungen

[12] NLA HA. Hann. 74 Calenberg Nr. 1013 - Dienstabstellungsrezess

[13] Näheres nachzulesen unter: Schneider, Karl H.: Bauernbefreiung. Aus: Lexikon zu Restauration und Vormärz. Deutsche Geschichte 1815 bis 1848, hrsg. v. Andreas C. Hofmann, in: historicum.net, URL: https://www.historicum.net/purl/237z46/

[14] NLA HA: Hann. 74 Hannover-Langenhagen Nr. 382

[15] NLA Hannover Cal. Br. 2 Nr. 1328- Supplikationen 1639 - 1640

[16] Niedersächsisches Jahrbuch für Landesgeschichte 45 - 1973

[17] Richard W. Fox, Konservative Anpassung an die Revolution: Friedrich von der Decken und die hannoversche Militärreform 1789-1820, Eine Untersuchung der Rolle des Militärs in Staat und Gesellschaft, Jahrbuch der historischen Kommission für Niedersachsen, 1973

[18] NLA Hannover: Hann. 69 B Nr. 56, Gemeinde Brink gegen die Kleinkötner und Brinksitzer wegen der Verpflichtung Einquartierungsgelder zu zahlen 1729

[19] Hann. 46 Nr. 72 Remontierung der unberittenen Leute bei der Kavallerie1773 bis 1776 – Remonte- und Unterhaltungsgelde

[20] NLA Dep. 118 Nr. 1480 Ankauf von Militärpferden 1868 – 1916

[21] Daten nach Raulff, Das letzte Jahrhundert der Pferde, 4. Aufl. 2016

[22] Hann. 180 Hildesheim Nr. 01190 Verteilung und Versteigerung der nach der Demobilmachung verfügbar werdenden Militärpferde

[23] Quelle: de.wikipedia.org/wiki/Pferde_der_Wehrmacht

[24] Cal. Br. 2 Nr. 1405 Langenhagener Besen-Rennen - 1748

[25] Ritter, K. (1929): die Entwicklung des deutschen Viehbestandes seit Anfang des 19. Jahrhunderts. Agrarpolitische Aufsätze und Vorträge (Kurt Ritter), 13. Heft.

[26] NLA HA: Dep. 125 B Nr. 138 - Pachtangelegenheiten von Lenthe 1696 - 1864

[27] NLA HA: Hann. 74 Hannover-Langenhagen Nr. 814 - Acta jährlicher Erndte=Berichte 1816 - 1858

[28] NLA Hann. 74 Hannover-Langenhagen Nr. 762 Nachweisung des Hausvoigts und Gohgräfen Kliebe vom 23.08.1831

[29] NLA HA Cal. Br. 2 Nr. 1322 Verzeichnis des Zinslandes in der Amtsvogtei Langenhagen nach der Morgenzahl 1639 - 1674

[30] NHStA Hann. 74 Hannover Langenhagen Nr. 849

[31] NLA HA: Hann. 74 Hannover-Langenhagen Nr. 849 - Hude- und Weidekonflikte verschiedener Dorfschaften des Amtes Langenhagen unter einander

[32] NLA Hann. 74 Hannover-Langenhagen Nr. 861

[33] vgl. Prof. Dr. Schäffer, Institut für die Geschichte der Veterinärmedizin und der Haustiere, Tiho Hannover

[34] Nr. 841 Beförderung der Pferdezucht im Allgemeinen, Vereine zu deren Verbesserung, auch Förderung eines guten Hufbeschlags 1826 – 1856

[35] Nr. 842 Halten von Zuchthengsten durch Privatpersonen; Untersuchungen durch Köhrungs-Commissionen, Gebühren 1824 – 57

[36] Nr. 840 Thierschauungen, vorfällige Prämien-Austheilungen, Wettrennen betr.

[37] Wikipedia: Reiter SA

[38] Hajo Bernett: „Der Weg des Sports in die nationalsozialistische Diktatur"; Beiträge zur Lehre und Forschung im Sport, Nr. 87; Verlag K. Hofmann, Schorndorf

[39] Nele Maya Fahnenbruck: Reiten für den „Führer"? Das Beziehungsgeflecht zwischen Pferdesport und dem NS-Regime in Hamburg, Netz+Werk - Junge Hamburger Geschichte online 20.08.2016